5歳までにやっておきたい
英語が得意な脳の育て方

茂木健一郎

日本実業出版社

はじめに　子どもの夢を叶える強い味方、それが英語力！

5歳までのお子さんを持つお父さんお母さんに質問です。

「わが子を、どんな大人にしたいですか？」

5歳までのお子さんというのは、まさに無限の可能性を秘めています。

それゆえ、安定的な収入を得られたり、社会的ステータスが高かったりする、お医者さんや弁護士、パイロットや客室乗務員、音楽家や芸術家、あるいはプロスポーツ選手にしたいと大きな夢を抱く、お父さんお母さんもいるかもしれませんね。

そんな夢を叶えるために必要なこと、それは英語力です。

ここに挙げた仕事をするためには受験でも英語が必要ですし、もちろん実際に働きはじめてからも英語が必要とされる場面は多いでしょう。

プロのスポーツ選手にしても、いまでは海外で活躍する時代です。

それゆえ、一流のプロスポーツ選手はほぼ例外なく、英語を話すことができます。


「いやいや、うちの子は健康でいてくれれば普通でいい」

そんな、お父さんお母さんもいるでしょう。

ところが、普通のサラリーマンでも英語力によって大きなメリットを得られることが多くなりました。真っ先に挙げられるのが「収入」における優位性なのです。

というのも、ビジネスパーソンに対するアンケート調査の結果、**英語ができる人は、平均で２２０万円も高い年収をもらっている**というデータが出ているのです（『プレジデントファミリー』２０１３年４月号）。

また、キャリアインデックス社が行なったアンケート調査によると、年収５００万円未満では日常的な英語の読み書きが「できる」と答えた人が22・４％だったのに対し、２０１６年に年収７００万円以上の人では48・７％の人が「できる」と答えています。

これらのデータから読み取れるのは、多くの企業で社員に「英語力」が求められているということ。それこそ、いま0～5歳くらいのお子さんが社会に出るころには、英語は特別なスキルではなく、「できて当たり前のもの」になっていることでしょう。

いまは幼くて将来の夢を持つまでに至っていないあなたのお子さんも、近い将来、必ず「こういう仕事がしたい！」と考えるようになります。

そのときに英語ができれば、仕事の選択肢が広がることは疑いの余地がありません。

「英語ができないから無理だ……」と、お子さんが自分の夢を諦めてしまうのは、お父さんお母さんにとって、悲しいことではないでしょうか。

そうならないためにも、5歳までにはじめておきたい英語の学び方について、脳科学者としての私の経験や知見をフル活用して書きあげたのが本書です。

これからの時代は乳幼児から英語教育をやっておいて損はない！

私がいうまでもなく英語の必要性は増しています。英語の存在感がこれまで以上に大きくなっていることを、お父さんお母さんも少なからず感じていると思います。そうした変化の最たるもののひとつが、小学校における英語教育です。

文部科学省の新しい学習指導要領では、2020年から、これまでは小学校5・6年生からはじまっていた「外国語活動」（英語）が小学校3・4年生からになり、小学校5・6年生では成績がつく教科として授業がはじまります。つまり、**英語の義務教育が小学校から始まる**のです。

小学校に入学したお子さんが困らないためにも、できるだけ早い段階から英語教育をはじめておいて損はありません。当然のことながら、小学校の授業でいきなり未知の言葉に触れる子どもと、幼いころから英語に親しみを持っている子どもでは、その後の英語力がまったく変わってくるからです。

何より、小学校の英語で最初につまずいて、英語に対して中学、高校、大学とずっと苦手意識を持ち続けるより、5歳までのスタートダッシュで英語を得意科目にしてしまうほうが、子どもたちの将来にとってどれほど有益な財産となることでしょうか。

そしてもうひとつ。乳幼児から英語教育をやっておいて損がない大きな理由があります。

それは、**言語の習得には「臨界期仮説」というものがある**ということです。

臨界期とは、人間の脳は言語能力を習得できる適切な時期があり、それを逃すといくら努力しても限界があるという考え方です。

特に、私たち日本人にとって外国語であり、第二言語となる英語は、習得が遅くなればなるほど、身につけるのが非常に難しくなるのです。たとえば、「RとLの発音」の聞き分けひとつとっても、子どものうちに耳を慣らしておくのと、大きくなってはじめて学ぶのでは、大きな違いがあります。

「よし！　これから子どもにしっかり英語を学ばせよう！」

ここまで読んだお父さんお母さんのなかには、そんな熱い気持ちを持った方もいるかもしれませんが、乳幼児の英語教育をはじめるうえで、いくつか注意しなければならないことがあります。

まず、「これからの時代は英語ができないとダメ！」という固定観念に縛られて、**子どもに英語教育を押しつけることはしない**こと。なぜなら、それによって子どもが英語嫌いになってしまったら本末転倒だからです。

そしてもうひとつ、**子どもには子どもの得意な英語の学び方がある**ということを、お父さんお母さんが知ることです。

子どものうちから英語を学ぶことのメリットは、子どもは大人と大きく異なって、**「聴く」と「話す」の能力が高い**ということです。

たとえばネイティブの英語話者が話す英語を見よう見まねで話したり、流れている音楽を耳で聴いたとおりに歌ったり。これは、大人にはなかなかできません。これは、5歳くらいまでの子どもは「まねをする」ことを好むという特質に由来しています。

真似をするのが大好きな子どもは、そこにあるいろいろな現象を真似して、自分のものにしていくんですね。

つまり、お父さんお母さんができることのひとつは、子どもが「まねしたい！」と思えるような英語環境を用意してあげることです。

英語を教えるプロでなくても、英語の音楽やＤＶＤなどを流して、子どもが自然と真似をする環境をつくってあげることはできます（くわしくは本文で説明します）。子どもの英語力をアップさせる秘訣は、そのようにして、乳幼児の持っている特性と英語を結びつけることです。

それに加えて、子どもは信じられないようなスピードで、新しい知識をどんどん吸収していくということも知っておいてください。**環境さえ整えてあげれば、あなたのお子さんは自然と、息を吸うように英語を学びはじめる**でしょう。

５歳までの乳幼児期は、英語学習の「黄金期」です。

その時期を無駄にしないためにも、本書が少しでもお父さんお母さんの英語教育のお役に立てれば、筆者としてこれほど嬉しいことはありません。

２０１８年７月

茂木健一郎

5歳までにやっておきたい　英語が得意な脳の育て方　目次

はじめに

Suggestion

第1章 5歳までの英語教育にまつわるウソ・ホント

Education

第2章 英語で聴ける・話せる脳の育て方

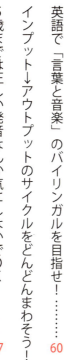

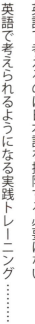

Training

第3章 茂木式！ いますぐできる 超実践 英語トレーニング

Question

第4章 教えて！　茂木先生　子どもが英語好きになる秘訣！

CONTENTS

Message

第5章 英語でコミュニケーションできるようになろう！

企画・編集・装丁／神原博之（K.EDIT）
写真撮影／増田智
カバーモデル／神原怜旺
イラスト／遠山金次
本文DTP／一企画

第1章

5歳までの英語教育にまつわるウソ・ホント

Suggestion 1

「英語教育はできるだけ幼いうちからはじめたほうがいい？」はホント！

この章では、「5歳までの英語教育にまつわるウソ・ホント」と題して、一般的にいわれている幼児の英語教育の方法論や考え方について、最新の英語教育と脳科学の視点から紐解いていきます。

英語教育はできるだけ幼いうちからはじめたほうがいい！

これは、小さなお子さんを持つお父さんお母さんであれば、一度は耳にしたことがある言説かもしれませんが、ホントの話です。

では、なぜ幼いうちから英語をはじめたほうがいいのでしょうか？

最近では脳科学の発展によって、言語を認識する脳の構造がだんだんわかってきているのですが、実は、脳科学的にも**英語をはじめるのは、できるだけ早いほうがいい**と断言できます。

それは生まれたばかりの赤ちゃんの脳に秘密があります。

というのも、生まれた瞬間の赤ちゃんの脳細胞の数は約１４０億個もあるといわれています。その脳細胞は言葉を耳で聞いたり、発話したりすることで刺激を受け、ニューロンが活性化します。そのようにして言語を話すための回路が強化されることによって、言語能力は発達していきます。

しかし、赤ちゃんの脳細胞は、使われなければ年間におよそ1億個ずつ減っていってしまうのです！

英語には日本語の16倍以上の音がある！

ではここで、日本語の音と英語の音の数を比べてみましょう。

実は、日本語は「１０８音」なのに対し、英語は「１８０８音」あるといわれています。日本語の音の数は英語の音の数のおよそ16分の1程度しかないのです！　また、日本語の音と英語の音には共通の音がありません。

つまり、もし、赤ちゃんが日本語だけの音を聞いて育った場合、英語独特の発音を聞きとる回路が発達しません。その結果、脳の神経細胞の「刈り込み」がおこなわれ、英語を聞き取る力を身につけるのが難しくなってしまうのです。

このことを考えると、早い段階から英語に触れる必要があるといえるのです。

身近にネイティブ・スピーカーがいれば最強！

実は、**5歳までの英語教育は難しいことをあれこれする必要はありません。理想的なのは、子どもの身近にネイティブの英語話者がいること**です。それは、お父さんかお母さんが外国人の家庭を見ていれば一目瞭然でしょう。

一般的な日本人夫婦の家庭が、ネイティブな日本語で会話をしていて、それを赤ちゃんが聞いている。それと同じことを英語でできれば、自然に英語を習得できます。

まだ言葉も話せない赤ちゃんであっても、ネイティブの英語話者が赤ちゃんに話しかけたり、英語の絵本を読み聞かせたり、あるいはホームパーティなどでネイティブの話者同士で話していることを横で聞いているだけでも効果があります。

いまは、日本にもたくさんのネイティブの英語話者がいます。ＳＮＳも発達しているので、友達をつくるのも比較的簡単でしょう。それこそ、日本語と英語の交流《エクスチェンジ》という目的で知りあってみても面白いかもしれません。

友達になって、ホームパーティをしたり、ピクニックに行ったりすると、子どもにとってとてもいい英語教育の環境づくりが自然にできるはずです。

そんな勇気がない人は、お子さんをプレスクールやバイリンガル幼稚園に入れてあげる方法もあります。プレスクールとは、幼稚園に入る前の年齢を対象にした保育施設のことで、特に英語習得に力を入れているところが多くあります。たとえば保育士全員が外国人講師で、英語を基本としたカリキュラムが用意されているようなところもあるのです。

乳幼児の英語教育は、言い古された言葉のようですが、「学ぶよりも慣れろ」が正しいというのが私の意見でもあります。

英語を体験することが、英語学習の第一歩

Suggestion 2

「早期の英語教育で子どもの日本語は育たない？」はウソ！

「英語はいつからはじめればいいんだろう……」
「できるだけ早い段階から英語教室に通わせなきゃ！」
「日本で生活しながらバイリンガルって育つのかな？」

この本を手にとったということは、あなたは父として母として、子どもの英語教育への悩みを抱えているのではないでしょうか。

同じ悩みを抱えるお父さんお母さんのなかには、乳幼児期から英語教室に通わせる、通信教材を購入する、英語の絵本を読み聞かせするなど、できるだけ早く英語学習を開始しようとする人も多いようです。

ただし、まだ日本語を覚える前の赤ちゃんの段階から、英語に触れさせることがほんとうにいいのかについては賛否両論があるのも事実です。なかには、このように考える親御さんもいます。


「日本語での論理的思考が未発達になるのでは？」

「日本人としてのアイデンティティを失うのでは？」


たしかに、日本人としては英語よりも先に、正しい日本語を覚えることが大切でしょう。

また、英語を習得するのと同じくらい、友達と遊んだり、運動をしたり、絵を描いたり、歌を歌ったりすることも大事かもしれませんね。

では、早い段階から英語に触れることで、日本語の習得が不完全になってしまう、あるいは日本語での論理的思考が未発達になるのでしょうか。


「まったく問題ありません！」

これが、脳科学者としての私の意見です。

違う母語話者同士の子どもは、ハーフではなくダブルのよさがある

なぜなら、この議論については母語が英語の親と、母語が日本語の親がいる家庭の子どもを見れば一目瞭然だからです。

たとえば、アメリカ人のお父さんと日本人のお母さんのもとで育っているお子さんは、ごく自然に日本語と英語の両方を身につけながら育っていくわけですが、そのせいで、大人になってから知性や人間性に問題があるということは考えられないですよね。

むしろ、最近では英語ネイティブと、日本語ネイティブの親を持つ子どもを「ハーフ」と呼ばずに、「ダブル」という呼び方にしようという提案もあるほどです。

これはまさに、**日本語話者のいいところと、英語話者のいいところを両方（ダブル）持っている魅力的な人**という意味が込められているのです。

そのような意味でいえば、家庭のなかに英語を話す人と、日本語を話す人がいるというのは、究極のバイリンガル環境です。

しかも、それが自分の親ということであれば、子どもの脳は無限に言葉を吸収して、両方の言語の回路をつくっていくことができるのです。

自分が自由に言葉を操れる大人は忘れがちですが、子どもはいきなり本や教科書から言葉を覚えるわけではありません。

子どもが言葉を覚えるときに必要なのはお父さんお母さんの愛情だということを覚えておいてください。

愛情がある親が優しく語りかけてくれる言葉、その言葉をシャワーのように浴びることで、子どもは親の話す言葉に興味を持つことができる。それが言葉を覚えるスタート地点になっているのです。

愛情のある言葉をかけられることが、言語獲得のスタート

Suggestion 3

「早期の英語教育で子どものアイデンティティが失われる？」はウソ！

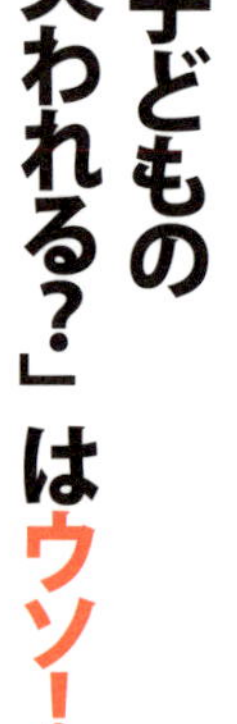

次に、乳幼児の早期英語教育でよく議論されている、英語の早期教育で「日本人としてのアイデンティティを失うのでは？」という疑問について触れていきます。

前項で述べた、英語話者の親と日本語話者の親の子ども、いわゆるダブルの子どもを観察してみても、日本人としてのアイデンティティを失っているということはありません。

むしろ、英語を話す、あるいは外国を知っているからこそ、**日本語のよさや日本という国の文化や歴史の奥深さについて興味や関心を持てるという面もあるのです。**

その証拠に、こうしたダブルの子どもは、単に日本の教育を受けただけの子どもよりも、外国人に対して、よりわかりやすい形で日本のことを伝えられる傾向があります。

その好例が私の友人であり、アーティストとして活躍しているスプツニ子！さんです。

スプツニ子！さんは、２０１７年までマサチューセッツ工科大学（ＭＩＴ）メディアラボで助教を務めたのち、いまは東京大学の特任准教授として教鞭を執《と》りながら、世界中でさまざまなアーティスト活動をしています。

スプツニ子！さんは、お父さんが日本人、お母さんがイギリス人という家庭で育った、まさにバイリンガルです。

そんな彼女のアート作品や表現方法を見ていると、本当に日本人としてのアイデンティティと国際感覚の双方を兼ね備えていて素晴らしいと感じます。

あるいは、テレビ番組の共演がきっかけで仲良くさせていただいているタレントのSHELLYさんは、お父さんがイタリア系のアメリカ人で元海軍の出身、お母さんは日本人というダブルです。彼女もバイリンガルとして育ってきましたが、英語を話す一方で日本酒の利《き》き酒師の資格を取得するなど、日本人としてのアイデンティティをしっかり持ちあわせています。

このふたりの例からも、**早い段階で子どもの英語教育をはじめても、その子のアイデンティティの形成や確立において、なんの問題もない**ということがおわかりいただけるでしょう。

ただし、ひとつだけ気をつけなければならないことがあります。

それは、お父さんお母さんが「日本語や日本の文化を否定しない」ということ。

日本の教育のみを受けて育ってきたお父さんお母さんのなかには、外国への憧れからか、子どもに英語を学ばせるにあたって、「日本のやり方はダメ」と否定してしまう人がいます。

でも、実はこうした考え方こそが、子どものアイデンティティ・クライシスの原因になるので注意が必要なのです。

「これが最上」ではなく「これもあれもすべていい」精神で

子どもに英語を学ばせるにあたって、お父さんお母さんが肝に銘じなければならないこと。それは**言葉も文化も多様であればあるほどいいと知ること**です。これこそが、子どもの多様性あふれるアイデンティティを創造するひとつの条件となるのです。

感覚としては、クルマの運転を例にとるとわかりやすいかもしれません。

日本の道路は左側通行ですが、アメリカなどでは右側通行になりますよね。

たとえばハワイなどで日本人が運転するとき、左右が逆になることで最初は脳も混乱するのですが、しばらくすると問題なく運転できるようになります。これは、「新しい環境に慣れれば、自然と回路が切り替わる」ということ。脳にはその能力があることを示しています。

バイリンガルの環境で育った人も同じです。いわば「郷に入っては郷に従え」にも似た感覚で、脳のなかに日本語ともうひとつの言語、つまり、どちらの言語、文化にも臨機応変に対応することができる切り替えスイッチを持っているのです。

脳の切り替えスイッチは、小さな子どものうちから鍛えることができます。

だからこそ、子どものころから英語や外国の文化にできるだけ触れておくことで、脳の切り替えスイッチが鍛えられていき、子どもの英語力をどんどん育んでいけるのです。

英語学習を通じて文化の多様性に触れよう

Suggestion 4

「日本生まれ、日本育ちはバイリンガルになれない？」はウソ！

「うちの子、日本で生まれて日本で育っているから、バイリンガルにはなれないのでしょうか？」

このような質問を、お父さんお母さんから受けることがあります。

この質問の答えを考えるうえで大切なポイントとして、**ハイコンテクスト文化とローコンテクスト文化**があります。

これは、アメリカの文化人類学者エドワード・T・ホールが唱えた考え方です。コンテクストとは一般的に「文脈」と訳されますが、ここでいう「コンテクスト」とはコミュニケーションの基盤となる「言語・共通の知識・体験・価値観・ロジック・嗜好性」などのことです。

ハイコンテクスト文化とはコンテクストの共有性が高い文化のことで、伝える努力やスキルがなくても、お互いに相手の意図を察しあうことで、なんとなく通じてしまう環境のことです。

とりわけ日本は、ハイコンテクスト文化の代表国ともいえ、共有時間や共有体験に基づいてコミュニケーション基盤が形成される傾向が強く、「阿吽《あうん》の呼吸」「空気を読む」「同じ釜のメシを食う」「以心伝心」といった仲間意識のもと、ツーカーで気持ちが通じあうことができます。

ところが、その環境が整わないと、今度は一転してコミュニケーションが滞ってしまい、お互いに話の糸口も見つけられず、会話も弾まず、相手の言わんとしていることがつかめなくなってしまうという弱点を持っているのです。

こうしたコミュニケーションのルールは、日本社会を通底しています。その結果生み出されたのが、「わびさび」や「武士道とは死ぬことと見つけたり」「秘すれば花」のような、もしくは「ムダな発言は慎むこと」や「忖度《そんたく》すること」などといった日本式の考え方やマインドセットです。

こうした日本的な考え方やマインドセットは決して悪いものではなく、日本固有の文化や美意識の源泉にもなっています。しかし、他方でグローバルに英語を駆使する真のバイリンガルになる阻害要因になってしまう面もあります。

では、ここからが本題です。

日本で生まれて日本で育っているからといって、バイリンガルにはなれないのかといえば、私の答えは「いいえ」です。日本で生まれ育った生粋の江戸っ子でも、三代続く薩摩隼人でも、誰でもバイリンガルになることは可能です。

では、どうすればなれるか？

その答えは、**ローコンテクスト文化を学ぶこと**です。

「英語」ではなく、文化を学ぶことが近道

ハイコンテクスト文化である日本、その対極にあるローコンテクスト文化の国はどこかといえば、アメリカやドイツといった国があげられます。

アメリカやドイツは移民が多く、単一言語では意思疎通がはかれないローコンテクスト文化圏なので、どんなことも理論的に言語で説明する必要があります。

だからこそ、彼らは

- いかに自分の考えを論理立てて伝えられるか
- 勝手な憶測が紛れ込む余地がないか
- あいまいな箇所はないか

こういったポイントを考えながら、コミュニケーションをします。

英語は主語がはっきりしており、自分の考えを断言して伝える傾向があることは、皆さんもお気づきでしょう。

あれは何もアメリカ人ははっきり言うのが好きな民族というわけではなく、ローコンテクストな文化なので、自然とそうなるのです。

多くの場合、私たち日本人は「英語」を勉強しようとします。

でも、それではいまお話ししたような文化基盤の違いまではわかりません。

英語がうまいからバイリンガルなのではなく、**文化の違いを実感し、相手の文化に即した振る舞いやコミュニケーションができるのがバイリンガル**です。

ですから僕はお子さんをバイリンガルにしたいなら、英語ではなく、英語を通じて英語圏の文化を学ぶことをおすすめします。

学ぶ対象は芸術でもスポーツでも食文化でも、それこそなんでもいいのですが、お子さんが好きなものがいいですね。好きなものであれば、積極的に学び、文化を深く知ることができるのではないでしょうか。

そうやって英語圏の文化に通じることが、本当の意味でバイリンガルになる近道なのです。

バイリンガルになるには文化を知る

Suggestion 5

「親の英語力が子どもの英語力に影響する?」はホント!

「わが家の子育てに英語を取り入れてみよう」と考えるお父さんお母さんが増えてきていますが、次のような質問をよくいただきます。

「親の私たちに英語力がなくても大丈夫なのでしょうか?」

このような悩みに対し、「子どもの英語教育に親の英語力は関係ない」と答える専門家もいるようです。

ただし私の見解としては、**親の英語力は子どもの英語力アップに大きな影響を与えます。**

わかりやすい例でいえば、まったく英語ができないお父さんお母さんが、「子どもをグローバルに育てよう」と、プレスクールやインターナショナルスクールに通わせたとしましょう。

そうすれば、子どもが自然に、不自由なく英語を話せるようになると期待するお父さん

お母さんも少なくないようです。

ですが、そもそも、プレスクールやインターナショナルスクールは、日本人の子どもの英語力をアップさせるための教育機関ではなく、日本で生活している外国人の子どもを教育する学校です。

ですから、授業は当然英語でおこなわれます。英語を話せるのが前提なので、英語を話せない子どもは授業についていけません。

「子どもに英語ができるようになってほしい」と願ってプレスクールやインターナショナルスクールに入学させたものの、落ちこぼれになってしまった。それでは子どももかわいそうですし、せっかく環境を整えたのに英語を嫌いになってしまうかもしれません。そうなっては本末転倒です。万が一こういう事態に陥ったら、自信を失う子どもをフォローするのはお父さんお母さんの役目です。

でも、お父さんお母さん自身が英語を苦手で話せなかったら、フォローなんてできませんよね。

それどころか、息子さんから「学校でお友達がなんと言っているかわからなくて、一緒に遊べないの」と相談されても、答えようがありません。

そんなことにならないようにするためにも、親にも英語力が必要だと僕は思うのです。

英語が苦手なお父さんお母さんは一緒に勉強しよう

うちは両親ともに英語が苦手だから、子どもに英語を学ばせるなんて無理なのかしら？と不安になった方もいらっしゃるかもしれませんが、それは違います。


大丈夫！　苦手なら、勉強すればいいのです！

ぜひともお子さんと一緒に、お父さんお母さんも英語を学んでみてください。

親子で英語を学ぶにあたり、お父さんお母さんが子どもに教えてあげられる限界はあると思いますが、教えてあげなくていいんです！

むしろ、お子さんが英語を好きになってお父さんお母さんを追い抜いて、「その発音はこうだよ」「そういうときはこう言うんだよ」なんて言ってくれたらしめたもの。

すごいね、ありがとう、とほめてあげるとお子さんのなかに「ほめられてうれしい」気持ちや、「英語を好きだ」という思いが自然に生まれてきます。

お父さんお母さんも、苦手科目の課題は全然進まなかったけど、得意科目ならあっという間に片づけられたという経験があるはずです。

それと同じで、英語が好きなこと、楽しいことであれば、自然と学ぶ力がついていきます。親子で勉強しながら、お子さんの「好き」を育ててみてはいかがでしょうか。

「好きこそものの上手なれ」
親子で学び、子どもと一緒に成長しよう

Suggestion 6

「生身のネイティブ話者から英語を学ぶのがベスト？」はホント！

「英語習得に要する時間って、大人と子どもでどれくらい違うの？」

こんな疑問を持っているお父さんお母さんも少なくないはずです。

「英語を勉強するぞ！」と意気込んで学ぶ大人にとって、英語習得はハードルが高く、ネイティブのように流暢な英語が話せるようになるには相当な努力や時間が必要です。

それに対し、子どもはどうでしょうか。

大人との一番の違いは、遊んでいる感覚で自然と英語が身についてしまうということが挙げられます。

私は、英語習得は生まれてすぐの0歳からはじめることを推奨しているのですが、0歳から英語教育をはじめ、英語のインプットとアウトプットを継続してきた子どもは、まるでスポンジのように英語を吸収していきます。

そういう子は、3歳になるころには日常会話程度の英語を自然に習得できていることが多いようです。

また、0歳から学びはじめることで、前述したように脳のなかに英語の音を聞き分ける回路ができるので、発音もネイティブ並み、英語で物事を考えながら話すこともできるようになります。

なぜなら、**日本語も含めて言葉を話しはじめる1歳前後は脳の発達が著しく、この時期に英語に触れることで、英語力がぐんぐんと伸びていくからです。**

脳の回路というのは、いわばピラミッドのように積み上げ式になっているので、土台となる基礎の部分が幼少期にできあがることを考えれば、小さい子どものうちから英語に触れれば触れた分だけ、しっかりとした土台ができあがるというわけです。

このように、外国語を学ぶにはとても有利なのが赤ちゃんの脳ですが、注意しておきたいポイントもあります。それは、**言語習得には「文脈」が大事**だということです。

発音や発話は生のコミュニケーションでしか体感できない

ワシントン大学の教授で、乳幼児の言語習得研究の世界的な第一人者として有名なパトリシア・クールの実験で、アメリカに住む子どもに中国語の発音を教える研究があります。

その実験で、生身の中国人が目の前にいて話していると子どもは発音を聞き分けるけれども、録音した音声を聞かせたり、映像を見せたり、あるいは遠くにいる人とビデオチャットするだけでは発音の習得がうまくできない、ということがわかっています。

この結果が私たちに教えてくれることは、**子どもの言語習得には、生身の人間が目の前にいることが大事**ということです。

つまり、目の前にいる人が自分に向かっていきいきと何かを語りかけてくれる、自分の言ったことに反応してくれる。発話、発音、抑揚などが息づかいと一緒に伝わってくる。そのライブ感、生の会話のやりとり、臨場感こそが子どもの脳への刺激となり、ぐんぐん上達していくのです。

ですから、お父さんお母さんはぜひ英語のネイティブ話者とお子さんが触れあえる機会を、意識してつくるようにしてあげてください。

単にテレビやＰＣで英語の音声や動画を流しているだけでは、発話や発音が一方的なので子どもの英語習得に最適だとはいえないのです。

音声だけでは限界がある。生身の人間と会話をして学ぼう

Suggestion 7

「子どものうちから英語圏の教育や文化に触れるべき？」はホント！

「日本生まれ、日本育ちはバイリンガルになれない」はウソ！（30ページ）のところでもお話ししましたが、小さなときに英語圏の文化に触れておくことは大事です。

でも、誰もが家の近所にプレスクールやインターナショナルスクールがあるわけでもないですし、通わせるとなったら経済的負担もなかなかのもの。ネイティブと触れあうといっても外国人の友達も少ないし……と悩むお父さんお母さんも多いかもしれません。

そんな方はあまり難しく考えず、「英語の雰囲気に慣らすこと」をまずは目標にしてみるといいでしょう。

実は他者の文化を理解するというのはなかなか高度なことなので、英語圏の教育や文化に触れるのは、小学校高学年以降、思春期の前後からでも遅くはありません。

でも、それまでに英語に苦手意識を持ってしまったら、英語圏の文化に触れることさえままなりません。そうならないように、まずは5歳までに英語に対する警戒心をなくすことに重きを置いて、英語圏の教育や文化に触れる準備期間ととらえるといいと思います。

おすすめは英語のスピーチを聞くこと

そのトレーニングとして私がおすすめしたいのが、たとえば映画のゴールデングローブ賞やアカデミー賞の授賞式。

見ていると、司会者のジョークや受賞者のユーモアあふれるスピーチを聞くことができ、小さな子どもでも、なんとなく〝英語らしさ〟を感じやすいはずです。

また、同様に5歳までにはじめておきたいのが、外国人慣れするということ。

先日、私のケンブリッジ時代の恩師の息子夫婦がハネムーンで日本に来て、僕が案内をする機会があったのですが、そこに日本人の5歳くらいの女の子がいました。

その子はとてもはりきって英語であいさつをする練習をしていたのですが、いざ対面すると緊張して何も言えなくなってしまったのです。

緊張するのも無理はないけれど、まずは慣れることが大事です。せっかくの外国人と会話をするチャンスを逃してしまうのも、もったいないことなので5歳といわず、できるだけ早い段階で外国人慣れをしておくことをおすすめします。そうすれば、大人になってから、「外国人のお客さまも多いパーティで、日本人だけでかたまってしまう」というような事態は避けられるでしょう。

5歳までは英語圏の文化を学ぶ準備期間ととらえよう

Suggestion 8

「バイリンガル教育を受けると日本の大学に入れない？」はウソ！

ひと昔前には、「英語を流暢に話すためには、海外に行かないといけない」といわれることもありました。

ですが、いまの時代であればそんなことはまったくない。これが私の意見です。

なぜそう断言できるのかを説明する前に、学校教育法の第1条について、触れておきましょう。

学校教育法の第1条では、学校の定義が定められています。

「第1条　この法律で、学校とは、幼稚園、小学校、中学校、義務教育学校、高等学校、中等教育学校、特別支援学校、大学及び高等専門学校とする。」

これがいわゆる「一条校」と呼ばれているもので、長らく日本では、一条校を卒業していなければ、大学の入学資格が得られませんでした。

つまり、親御さんが「インターナショナルスクールなどで小さいうちから本物の英語に触れさせたい」と考えても、「日本の大学に入る可能性もある」という時点で、インターナショナルスクールなどは選択肢から除外せざるを得なかったのです。

ところが、この学校教育法の第1条に例外規定ができました。

平成28年3月の法令改正により、外国において指定された12年以上等の要件を満たす学校の課程を修了していれば、日本の大学入学資格が認められることになったのです。

それ以外にも、指定された準備教育課程を修了した場合、高等学校卒業程度認定試験に合格した場合、各大学がおこなう個別の入学資格審査によって高等学校を卒業した者と同等以上の学力があると認められた場合、国際バカロレアをはじめとする外国の大学入学資格を取得し、18歳に達していた場合も、大学入学資格が認められます。

これはつまり、日本のインターナショナルスクールを卒業した場合も、大学入学資格が認められるケースが増えたということでもあります。

日本にあるインターナショナルスクールを卒業した場合は、その学校が外国の高等学校相当として指定された学校であれば、もしくは12年未満の課程の場合も、さらに指定され

た準備教育課程を修了すれば、大学への入学資格が認められます。

さらには、インターナショナルスクールの所在地が日本であるか、外国であるかにかかわらず、国際的な評価団体（WASC、CIS、ACSI）の認定を受けた教育施設の12年の課程を修了し、18歳に達していれば大学への入学資格が認められます。

このように、日本の学校教育法上の「学校」でなくても、条件を満たしていれば日本の大学に出願できるようになったので、日本国内でバイリンガル教育を受けさせることは、制度的にも可能になってきています。

もちろん「どんなインターナショナルスクールを選ぶか」は大事ですが、お子さんに合う環境さえ選べたら、留学しなくても英語を身につけることは十分可能というのが、私の答えです。

英語学習に留学は必須ではない

第2章

英語で聴ける・話せる脳の育て方

Education 1

英語を学ぶうえで必要なドーパミン・サイクルをまわそう！

さて、第1章では、英語を学ぶためには英語そのものより英語圏の文化を学ぶこと、5歳までに英語に慣れておくこと、特に赤ちゃんのときから脳に英語の回路をつくっておくことなどの大切さを脳科学的に説明しました。

それを踏まえて、この章では、5歳までに英語で「聴ける」「話せる」さらに「考えられる」脳をつくる方法について解説していきます。

ここで、もう一度「なぜ、5歳までに英語を学ぶ必要があるのか？」についてご説明します。ひとつは脳の回路をつくっておくためなのですが、もうひとつ、重要なことがあります。

それは、「脳が完成する年齢」と関係しています。

5歳までに脳の土台が完成する

近年の脳科学の研究でも実にいろいろなことがわかってきているのですが、**脳の80%は0歳から3歳、遅くとも5歳ごろまでには基礎が完成する**といわれています。つまり、残りの一生は、5歳ころまでに培ったものをベースに生きていくのです。

ですから、**5歳ごろまでに脳のポテンシャルをどれだけ開花させられるかが、お父さんお母さんの大事な役目**になってきます。

最近子どもが生まれた、もしくは2、3歳の子どもを育てているという方は、まさにいまが英語を習得するチャンスだと捉えてください。

5歳までは脳を育てるゴールデンエイジ、つまり、一生涯でもっとも成長が促進される時期です。ですから、この時期までにどんな体験をしておくかが「英語ができる子」になるか、「英語ができない子」になるかの分岐点といえます。

こうした分岐点において、まずお父さんお母さんに心がけてもらいたいことがあります。

それは、子どもの脳に**ドーパミン・サイクル**を育てる必要があるということです。

ドーパミン・サイクルについては、拙著『5歳までにやっておきたい　本当にかしこい脳の育て方』（日本実業出版社）でも詳しくご紹介しているのですが、ドーパミンとは脳内の神経伝達物質で、うれしいことや楽しいことがあると分泌されるので、「脳内報酬」とも呼ばれています。

このドーパミンが分泌されると、私たち人間は「わーっ！」と盛りあがって、なんだか気持ちがよくなります。その体験を何度か重ねると、脳は快感を覚えます。そして、「あの楽しいことをもう一度やろう」「気持ちいいことにまた挑戦しよう」という指示を出します。

この指示によって夢中になれることを見つけだし、それを成功させるために熱中し、やり遂げる力が育っていきます。

そして、もう一度チャレンジする、またドーパミンが出る、すごく気持ちいい、またやりたくなる――そのサイクルが完成されると、まるで遊んでいるような感覚で、何事にも集中して取り組める子どもになれるというわけです。

私はこのドーパミンの分泌の仕組みを**ドーパミン・サイクル**と名づけました。

ドーパミン・サイクルの仕組み

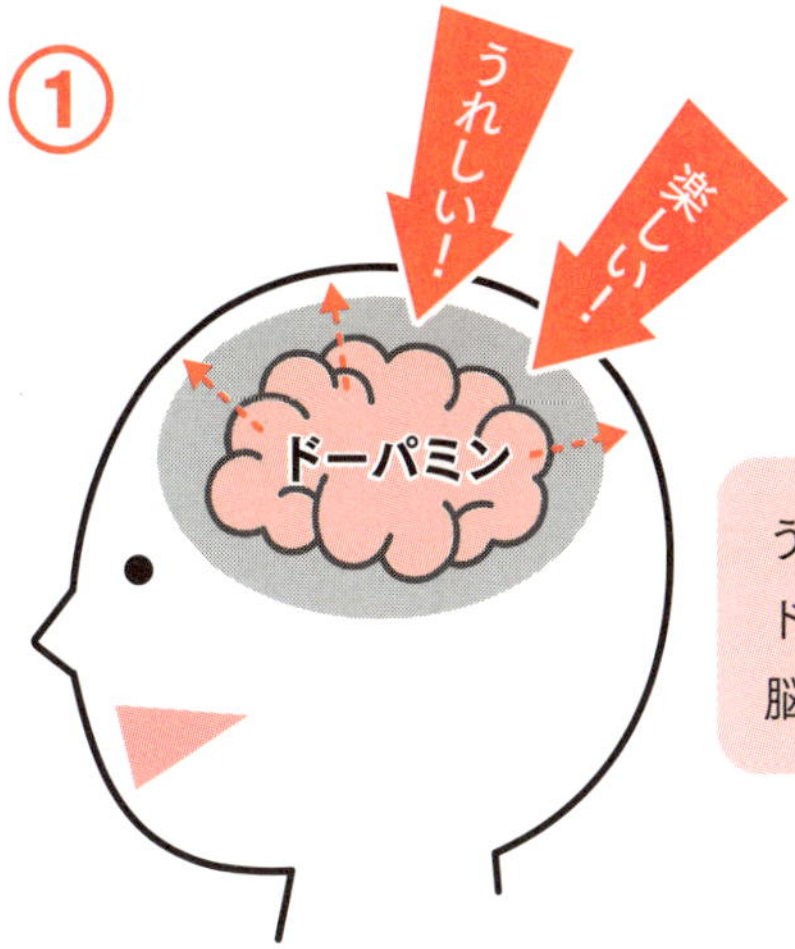

うれしい・楽しい刺激で
ドーパミンが分泌されて、
脳が快感を覚える

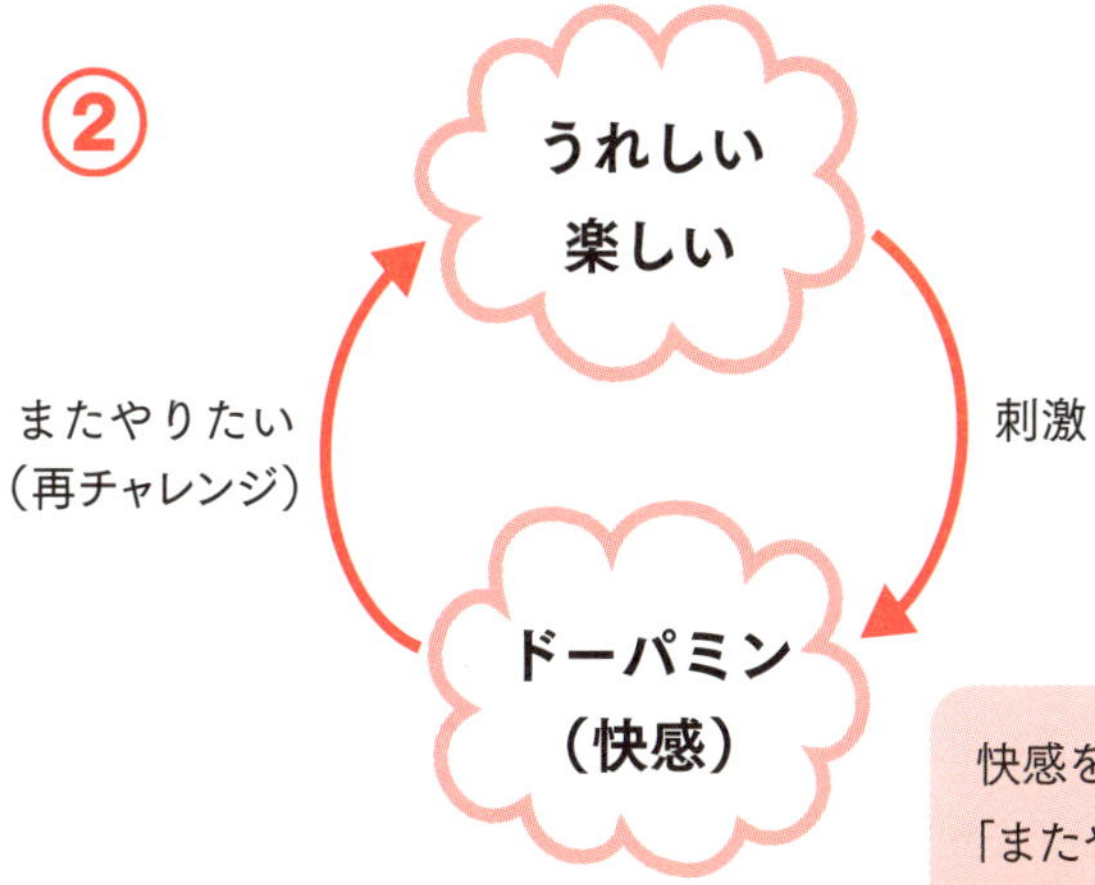

快感を覚えるので
「またやりたい」と
思う

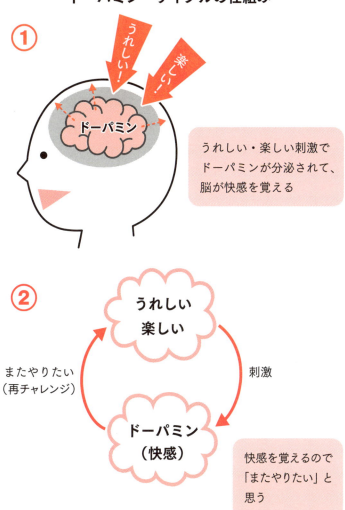

そして、このドーパミン・サイクルは、子どものうちに発達させておくべきということもわかっています。

つまり、5歳までに英語の土台づくりをするというのは、英語に対してこのドーパミン・サイクルをつくることができるかどうかが、重要なポイントになってくるのです。

ドーパミン・サイクルは「うれしい!」「楽しい!」がカギ

では、何をすればドーパミン・サイクルが発達するのでしょうか。

英語で「聴く」「話す」「考える」ことについても、脳にとってうれしいことや楽しいことを増やしてあげるとドーパミンが分泌されます。

その繰り返しでドーパミン・サイクルができあがるということは、お父さんお母さんがやるべきことは、**子どもが「うれしい!」「楽しい!」と感じる英語体験をどんどん増やしてあげること**です。

脳がうれしい、楽しいと思うことは、言い方をかえると好奇心や探究心が刺激されることでもあります。

英語を例にとれば、はじめて知る言葉や、ネイティブの英語話者と会話をするワクワクドキドキを体験することをはじめとして、「何かな？」「どうしてこうなっているのかな？」と興味が持てるようなことがたくさんあると、脳でドーパミンがどんどん分泌され、ぐんぐん英語を吸収していくのです。

5歳までは勉強するというより、お子さんに英語を通じたワクワクドキドキを感じさせてあげましょう。

英語を通じたワクワクドキドキが大切

Education 2

普段から英語の歌や音楽に慣れ親しんでおこう！

脳のゴールデンエイジとも呼べる5歳までに、具体的にどのような英語教育で子どものドーパミン・サイクルを完成させていけばいいのか——。

そこで、私がまず提唱したいのが、**英語を音楽として楽しむ**ということです。

最近、英語教育に携わる専門家から、たいへん興味深いお話を聞くことができました。

それは、単語や文法は多少間違えていてもイントネーションやアクセントが正しい英語を話している人と、単語や文法は正しいのですがイントネーションやアクセントが間違えている人だと、圧倒的に前者のほうがネイティブに伝わりやすいということです。

皆さんのなかにも、自分の英語がなかなかネイティブに伝わらずにおどおどしてしまったという経験を持っている人も少なくないはずです。

それは、皆さんの世代が学校で学んだ英語はいわゆる「受験英語」だからです。

受験英語は基本的に英文を読んで和訳をしたり和文英訳をしたりするという、読む、書くに特化した勉強です。当然ながら、そこに英語のイントネーションやアクセントを学ぶという要素はほとんどありませんでした。

ところが、実際に会話のなかで重要なのは、正しい文章ではなく、正しいイントネーションやアクセントなのです！

歌や音楽は「原始のコミュニケーション」

脳の領域の一部で、運動性言語中枢とも呼ばれ、言語処理をおこなっている**ブローカー野《や》**というところがあります。

ブローカー野は、言葉を話すときに文法に則った発話をする役割を担っているのですが、**音楽と言語を同じもの、一体のものとして処理している**ということがわかっています。

つまり、ブローカー野を活性化させてこそ、はじめて英語学習は完結するわけです。

では、5歳までにどのようにしてこのブローカー野を活性化させればいいのでしょうか。

その答えこそが、英語を音楽として楽しむということなのです。

日本の保育園や幼稚園でも、歌や音楽に合わせて言葉を覚えたり、体を動かしたりしますよね。また、お家でお子さんを見ていても、聴いた音楽をすぐに覚えたり、音楽に合わせてからだを動かしたりしませんか？　**これは小さな子ども特有の才能で、彼らは言葉を話せない代わりに、音楽で豊かなコミュニケーションをとれる**のです。

これは人間の進化の過程とも密接な関係があり、太古、人間がまだ言葉を発していなかったころは、歌のような、リズムや抑揚をつけた音でやりとりをしていたと考えられます。歌や音楽は、ヒトの「原始のコミュニケーション」でもあるのです。

ですから、子どもは本能的に音楽や歌が好きで、それらを通じて豊かな学びを得ることができるのです。

ただし英語の歌を聴かせた場合、最初は戸惑ってしまうかもしれませんが、そんなときも子どもの脳はフル回転して「これまで聴いたことがない歌」に全力で集中します。

つまりそれは、英語の歌の聴き方を学んでいるということ。これがうまくできるようになると、あたかも自分が歌っているかのように聴くことができるようになっていきます。

このように、子どものころから英語の歌に慣れ親しんでおくことで、大人になってから英語を学ぶ場合ほどには苦労をすることなく、自然と英語を聞きとれるようになります。

特に、前述したように**1歳から2歳は英語を聞き分ける耳をつくる適齢期**、その意味でも、英語の歌を聴かせて生活に取り入れる方法がもっとも効果的です。

ぜひとも、子どもに英語の歌を聴かせて、音楽に合わせてお遊戯で体を動かしながらイントネーションやアクセントを覚えさせてあげてはいかがでしょうか。

歌を日常の生活に取り入れて英語に慣れさせせよう

Education 3

英語で「言葉と音楽」のバイリンガルを目指せ！

大人が英語を聴く耳と、子どもが英語を聴く耳の違いについて、脳のメカニズムを交えてもう少し触れておきましょう。

私たち大人が英語を聴くときは、どうしても文法的に正しい英語、正しくない英語という観点から入ってしまいます。

これは、脳の活動としては左脳中心だといえます。

一方、子どもが英語を音楽として聴くということは、右脳も使っているといえます。

つまり、**子どもは脳全体を使って英語を聴くことができている**のです。

もともと、母語ではない知らない言語を聴くときの脳活動というのは、母語に比べてより広範な脳領域が活動しているというデータがあります。

母語というのは、意外にも脳領域の絞ったところで聴いていて、未知の言語というのは脳全体で聴いているところがあるのです。

たとえば、皆さんはまったく意味のわからない言語を聴いたときでも、「あ、なんとなく○○語かな」と想像できたりしませんか？

私の場合でいえば、最近YouTubeでアラビア語のレッスンを見るのが好きなのですが、何を言っているのかまったくわかりません。でも「あ、この音はアラビア語の音だな」ということはなんとなくわかるわけです。

これは、脳全体を使って言語を音楽として聴いているからです。

また、むかしタモリさんがやっていた4ヶ国語麻雀や7ヶ国語バスガイドという、とても面白いコントがありました。

このコントを知らない若い人のために説明すると、タモリさんが1人で、中国語、英語、ドイツ語などいろんな言葉を交互にしゃべって麻雀や何かやってみせるというものなのですが、もちろん、タモリさんが4ヶ国語や7ヶ国語を正しく話すわけではありません。でも、その言語の雰囲気に似た発音によって、まるで流暢に話をしているような芸風がウケたのですが、このコントの面白さがわかるということは、まさに私たちが脳全体を使って言語を音楽として聴いているからにほかならないのです。

また、最近の研究で、認知症になったお年寄りは言葉の意味は忘れてしまうけれども、発音やイントネーションや音のリズムは覚えているということがわかってきました。これも、私たちが言語を音楽のように聴いていることと関係がありそうです。

前項でもそもそも言語の起源は音楽的なものからはじまったとお話ししましたが、文法よりイントネーションやアクセントが重要というのも、言語としてというより、音として英語に触れることの大切さを示唆しています。音から入るというのは実は理にかなっているのです。

よく、「日本語と英語のバイリンガルになる」という言い方がされますが、こうしたことからも、「言葉と音楽のバイリンガルになる」ことが子どもの英語力をアップさせる秘訣だといっていいかもしれません。

「英語」は音楽を演奏するように楽しもう

Education 4

インプット↓アウトプットのサイクルをどんどんまわそう！

続いて、「話す」ということについて考えていきましょう。

まず、お父さんお母さんにお伝えしたいのは、**英語の試験で高い点数を取るための勉強法と、英語を話せるようになるための勉強法はまったく違う**ということです。

英語の試験で高い点数を取るための勉強法というのは、文法や単語の無味乾燥な暗記であったり、日常では使わないような古めかしい英語をひたすら覚える「ひとり作業」のようなものです。

ですが、話す、会話ができるというのは、当然ながらひとりで成立するものではありません。日本語でも英語でも、話者交代がされてはじめて会話が成立します。

そうした「話者交代感覚」を、英語でも自然に身につけるということが、大事なポイントになってくるのですが、そのための脳科学におけるキーワードが**ミラーニューロン**です。

ミラーニューロンとは、1996年にイタリアの脳科学者ジアコーモ・リゾラッティらによって発見された大脳皮質の前頭葉にある神経細胞で、その名前が示すように、自分の行為と他者の行為を、まるで鏡に映しあっているかのように同一ととらえたり、共感したりする働きがあります。

たとえば、人が楽しそうにしていると自分も楽しい気持ちになる、人が歌を歌っていると、自分も歌いたくなる、あるいは、人のあくびが自分にうつるといったことも、このミラーニューロンの働きによるものだと考えられています。

英語を話すうえでもまた、ミラーニューロンは重要な役割を果たします。

他人の会話を聴くことと、自分が話をすることが、まさに鏡に映ったようにお互いに関係しあうからこそ、私たち人間はコミュニケーションを図ることができるのです。

つまり、このミラーニューロンを上手く利用して、相手の英語を自分が話しているかのように聴ければ、自分も英語で話ができるようになるということです。

そのためには、会話のシャドーボクシングをするようなイメージで、一生懸命相手の話を聴き、インプット力に磨きをかける必要があります。

覚えた言葉はすぐに使ってみよう

インプット力に磨きがかかってくると、英語の単語や発音が、より的確に耳で覚えられるようになっていきます。

ここで大事なのは、**覚えた単語や発音は率先して使ってみる**ということです。この自分で発音してみる＝アウトプットすることで、はじめて記憶が定着していくのです。

そうして「インプット→アウトプット」のサイクルをまわせばまわすほど、どんどん英語が話せるようになっていきます。

音楽のレッスンでも、先生と一緒にする発声練習がありますよね。

「あ、あ、あ、あ、あー」

と先生が発声したら、生徒たちが

「あ、あ、あ、あ、あー」とまねする。そのようなイメージで**英語もインプット→アウトプットのサイクルをまわしてみてください。**

最初はうまくできないかもしれませんが、間違いを恐れて英語を口に出さなければ、いつまでたっても話せるようにはなりません。

その意味では、子どもは間違いを恐れない天才ともいえますので、とにかく人前で英語を話すのが好きになるような「インプット→アウトプット」のトレーニングをしてみてください。

コツは、**とにかく最初はその子が聴こえた音で話させてあげること。**

たとえ、それが間違った単語や発音であっても、「ちがう！」などと頭ごなしに否定してはいけません。「ちょっと違うな」と思ったら、再度お手本を聴かせてあげて、その差をしっかりと認識させて、少しずつ差をなくしていくという学習をしていけばいいのです。

間違いを恐れず、覚えた言葉をどんどん話させてあげよう

Education 5

5歳までは正しい発音なんか気にしないでOK！

最近、私の知人が書いた、「英語ができる親ほど幼児期の英語教育はしない」というウェブ記事が話題になりました。

その理由は、先に述べたように、ほんとうの意味で英語を理解し、英語圏の教育や文化に触れる、いわば「本番」は、もう少し後になるという話につながっています。

逆をいえば、乳幼児期にいくら英語を叩き込んでも、**その後の教育で英語から離れてしまうと子どもは英語を忘れてしまう**のです。

ただし、冒頭で紹介した記事でポイントとなるのが「英語ができる親」という部分です。

もともと、英語ができる家庭というのは、お父さんお母さんが英語を生活の一部に取り入れているものです。

たとえば家のなかに洋書や英字新聞があったり、親が英語のニュースを見ていたりといったような環境があったりします。そういう環境だと、自然に英語に対するハードルが低くなります。だからこそ、幼少期のうちから取り立てて英語の教育をしなくてもいい、という意味あいがあるわけです。

では、「うちは日常生活では英語なんて全然縁がなくて……」というお父さんお母さんはどうすればいいのでしょうか。

私がさまざまなインターナショナルスクールやバイリンガル教育をやっている学校を訪問してわかったことは、**上手な英語を話すことができる子どもほど、自分の発音がまちがっている、文法がめちゃくちゃといったことを一切気にしない**ということです。

なぜなら、プレスクールやバイリンガル幼稚園の先生は、発音や文法などといった指導は、あえてしていないのです。

それは、5歳を過ぎた英語教育の現場でも同じです。

たとえば、世界共通の大学入試資格「国際バカロレア」につながる教育プログラムを実践している小学校では、生徒たちが何かについて調べて英語で発表するといった体験学習やプロジェクト学習の授業が必ずあります。

発表している生徒はすべて自分で調べて、書いて、話しているので、文法が不完全だったり、発音が少しかたよっていたりするのですが、体験学習やプロジェクト学習では、そこは評価の対象ではないのです。

英語はあくまでもツールであり、その生徒がどんなことを調べてみんなの前で何を伝えたいのかということが評価されるからです。

文法よりも「伝えること」が大切

不思議なことに、日本人は文法的な正しさをすごく気にします。私が英語でツイートすると、文法のミスを指摘するのは必ず日本人です。そして「文法が苦手だからしゃべれない」という呪縛に多くの人が囚われています。まさに自縄自縛です。

でも、**文法の正しさなどは英語を学ぶうえでの本質ではない**ということを知っておいてください。発音や文法のミスを気にするくらいなら、極端なことを言えば、最初はとにかく自分が伝えたいことの単語を並べて話しはじめてしまえばいいのです。

もちろん、発音や文法も大事ではあるのですが、それは二の次です。ネイティブであれば、多少間違った英語を聞いても「この人は何が言いたいんだろう？」ということを汲み取って理解してくれるものです。

重要なのは、「いかに正しく話せたか」ではなく、「どんな素敵なことを話せたか」。つまり、会話の内容なのです。

それは、私たち日本人も同じですよね。外国の方が少しおかしな日本語で話しかけてきても、なんとなく理解できてしまうでしょう？ そして頑張って日本語で何かを伝えようとしている人を笑ったりなどしないはずです。

ですから、5歳までは正しい英語かどうかはまったく気にしなくていいんです。そのことを幼少期に理解するだけで、その後の英語力がぐんぐん育っていくはずです。

大切なのは、文法の正しさよりも話の内容

Education 6

1日4単語のペースでボキャブラリーを増やしていこう！

生まれたばかりの赤ちゃんが1歳になるころ、脳内では芽生えはじめた言葉のエネルギーが活力をみなぎらせて一気に爆発する時期が訪れます。

そうなった子どものボキャブラリーを学ぶ能力の高さやスピードは、まさに驚異的です。お父さんやお母さんの何気ない会話にも耳をじっとそばだて、一つひとつの単語を理解しようとしている。それが1歳になった子どもの脳内で繰り広げられていることです。

5歳になるまでの子どもは言葉の学習スピードを加速させていくと同時に、「話したい」という欲求が起こることでボキャブラリーが爆発的に増えていきます。

当然といえば当然ですが、**英語を話すときに必要不可欠なもののひとつがボキャブラリー**です。

アメリカの言語学者であるスティーブン・ピンカーの名著『言語を生みだす本能』のなかに、次のような注目すべき記述があります。

――生後一八カ月前後で言語は離陸する。語彙が「新しい単語を二時間に一つ」の割で増えていくようになり、以後、高校を卒業するころまでこのペースが維持される。――

『言語を生みだす本能（下）』（日本放送出版協会刊）より

ネイティブであれば、18カ月、つまり1歳半ごろから2時間に1単語ずつ覚えている。これは、平均して1日8時間起きているとして、2時間に1つなら1日4単語覚えられる計算になります。つまり、英語ネイティブの子どもは、18カ月から5歳（60カ月）までの3年6カ月で、およそ5000語の言葉を覚えるということです。それを踏まえるなら、日本語ネイティブのお子さんも、5歳までに英語のボキャブラリーを少しでも多く増やしていくことが大切だと、実感していただけるのではないでしょうか。

これは英語圏の大学への進学も視野に入れるならなおさらで、もしお子さんをアメリカのアイビー・リーグ（アメリカ北東部に所在する私立大学8校で、ブラウン大学、コロンビア大学、コーネル大学、ダートマス大学、ハーバード大学、ペンシルベニア大学、プリンストン大学、イェール大学）に行かせたいとしたら、小学校6年生で英検1級に合格できる程度の英語力が必要になるといわれています。

ちなみに、最近の早期英語教育に熱を入れているお父さんお母さんたちの間では、小学校6年生どころか、幼稚園のうちに英検1級に合格させてしまおうという動きもあるそうです。それくらい、できるだけ早い段階で英語のボキャブラリーを増やしていくということが重要になってきているのです。

単語を増やすには、地道に話しかけること

とはいえ、「5歳までに英検1級をとる」ことをすべての人に目標にしてください、というのは現実的ではありません。

やはり前述の、1日4単語ずつくらいのペースで英語を覚えることを目指すのが現実的ではないでしょうか？　お子さんが単語を覚えるためには、お父さんお母さんがたとえネイティブではなくとも、**子どもの顔を見ながらゆっくりと、そしてはっきりと英語で話しかけることが大切**です。

まだ言葉がよくわからない子どもに英語で話しかけても理解できないのではないかと思われるかもしれませんが、そんなことはありません。

私たち大人が思っている以上に、子どもはきちんと親の言葉を理解しています。当たり前のことですが、子どもが英語を話すための第一歩は、日本語と同じように、親などのまわりの人の言葉を聞くことです。

このときの注意点は、決して早口では話さないこと。早口で話しかけてしまうと、子どもは言葉を聞き取れなくなってしまいます。身のまわりのちょっとしたことを英語にして、お子さんに話しかけてみてはいかがでしょうか。

1日4単語を目指して英語で話しかけよう

Education 7

英語で考えるのに日本語を排除する必要はない！

この章の最後に英語で「考えられる」脳の育て方についてもお話しします。

皆さんが普段何かを考えるときには、当たり前ですが日本語で考えていますよね。

日本語で考えることによって、誰かと話しているときには素早いレスポンスができ、円滑なコミュニケーションをとることができています。

では、英語ではどうでしょうか。

英語で話をする場合、そのために頭の中で何か考えるときにも英語を使っているでしょうか？　大半の人は一度日本語で考えてから、英語に「翻訳」しているはずです。

ですが、英語で考えて英語で話すということができるようになると、英語がより身近なものになり、スムーズな会話を楽しむことができるようになります。

もちろん、いきなり日本語で考えるのと同じように英語で考えることは不可能かもしれません。ですが、少しずつ英語で考える練習をしていくと、いつの間にか自然と英語で考

えることができるようになっていきます。

そもそも、なぜ英語で考えることが重要なのかといえば、それは日本語でもわかるとおり、会話のキャッチボールをスムーズにするためです。

皆さんも経験したことがあるかもしれませんが、直接英語で考えずに日本語に直して話していると、どうしても会話のテンポが遅れてしまい、話が弾まないものです。

自分が伝えたいことを日本語から英語へと訳してから言葉に出すということは、どうしてもそれだけ時間をロスしてしまいます。

しかし、いきなり英語で考えるようになると、日本語から英語に訳すという工程がなくなるため、テンポのいい会話につながるのです。

では、どうすれば英語で物事を考えられるのでしょうか。

多くの専門家などが、実にさまざまな方法を提唱しているようですが、結論からいうと、「最初のうちは英語で考えようとしなくていい」というのが私の考えです。なぜなら英語に限らず、日本人に限らず、第二言語を学ぶときというのは、ほぼ例外なく母語で考えることが研究結果からも明らかになっているからです。

つまり、英語で物事を考えるうえで日本語を排除しようと躍起になる必要はありません。

日本人であれば誰もがそうですが、日本語のほうが脳のなかの回路が豊かに育っています。まだ英語を習いはじめたばかりで、日本語の回路のほうが豊かなときに無理やり英語で考えるよりは、素直に日本語で考えたほうが言葉の組みあわせなどの選択肢も多く、複雑なことも考えられるからです。

ですから、最初は**日本語を自転車の補助輪のような役割で位置づけておき、そのうえで、英語で考えるという癖づけをしていけばいい**、と私は考えています。

また、英語で物事を考えるうえで必ずしも日本語を排除しなくてもよいという根拠として、**言語の化石化**があります。

言語の化石化とは、外国語を習得しているときに起こる、ある特定の規則が誤って習得され、そのまま定着してしまう現象のことです。

そもそも、言語学習とは固定的なものではなく、絶えず修正され、正しいものに近づいていくものです。

ところが、ときとして正しくない音や語彙、文法などが定着してしまい、その後時間が経っても正しい形へと変化していかない現象が現れることがあります。こういうときは一旦日本語を介したほうが、外国語の理解が深まったりします。

これは、脳科学的にはその外国語の回路が細いことを意味します。日本語の回路がよく整備された高速道路だとすれば、外国語の回路は整備中の幹線道路のようなもの。まだ細くてスピードも出せず、デコボコしていて時にハンドルをとられます。でも、使っているうちに英語の回路も太くなり、いつしか日本語の回路の上に、英語の回路がつくられていきます。

最初は英語の回路が細いため日本語の回路を使おうとする傾向が誰にでもあるのですが、英語の回路が強くなればなるほど、日本語の回路を使わなくなっていくので、英語で考える力が養われていきます。

最初のうちは日本語で考えることを否定しなくてもいい

Education 8 英語で考えられるようになる実践トレーニング

前項で日本語で考えることは悪いことではないと説明しましたが、とはいえ、自転車の補助輪をはずす日が来るのと同じで、やがて言葉の補助輪もはずすときがやってきます。

そこで、英語で考えるためにはどんなトレーニングをすればいいのかをいくつかご紹介します。

1．赤ちゃん言葉ではなく大人の言葉で

一般的に、子どもが言語を習得するときというのは、「話す」より「聴く」、文字言語より音声言語のほうが先に発達します。

つまり、英語で考えるためには圧倒的に「英語を聴く」というトレーニングが必要になってきます。

英語もＡＩと同じで、ディープラーニングするにはたくさんのサンプルを脳のなかに入

れておかないといけません。このサンプルこそが、英語で考えるためのベースになるわけです。

そこで重要なのは、お父さんお母さんが子どもにやりがちな「赤ちゃん言葉」を使わずに、**普段から大人同士で会話をするようなきちんとした英語を子どもに聞かせる**ということ。それによって、子どもの英語で考える能力は発達するということが知られているからです。

2. 英語でひとり会話を楽しませる

言葉を覚えはじめている子どもをじっくり観察していると、なにやらひとり言をいっていることがあると思います。

「うちの子、ひとりでぶつぶつ言っていて大丈夫かしら?」

そんなお父さんお母さんもいるかもしれませんね。

ですが、これを脳科学的に説明すると、子どものひとり言というのは思考のはじまりであり、言語発達の重要なプロセスなのです。

大人でも同じです。何か考えごとをするときには、頭のなかで言葉を使って考えていますよね。

「今日の晩御飯は何にしようかしら」「なんか怪しい天気だな。傘を持っていこう」など、大人は当たり前のように頭のなかで考えることができますが、子どもはまだそれがうまくできないのでひとり言として声に出してしまうだけなのです。

そこで、こうした子どものひとり言の特性を活かして、英語で考えるトレーニングをしてみましょう。

それが、英語の「ひとり会話」というものです。

簡単にいってしまえば、子どもが自分自身に英語で話しかけるというトレーニングで、これによって英語で考える力を養います。

ルールはとても簡単です。

まず、お父さんお母さんが子どもに好きなシチュエーションを決めてあげます。たとえば親子、お友達、先生と生徒、お店の店員とお客さんなど、なんでもかまいません。

そのなかで、自由に子どもに一人二役で会話をさせてあげるのです。

子どもは頭のなかで英会話を練習しているので、失敗しても何も恐れるものはありませんから、とにかく役になりきって一人二役を演じきればいいのです。

実は、ここまでが子どものひとり会話の脳内リハーサルになります。
最後に、子どもが頭のなかでちゃんとひとり会話ができたかどうかを、お父さんお母さんがチェックしてあげてください。

子どもがどんなひとり会話をしたのかを実際に聞いてあげて、どんなことを話しているかを発表させるのです。

声に出すことによって、もう一度頭のなかで考えたことをブラッシュアップする意味においても、子どもの英語で考える力がどんどんアップしていきます。

英語の「ひとり会話」で考える力を養う

第3章

茂木式！いますぐできる
超実践　英語トレーニング

Training 1

親子で遊びながら英語が好きになる条件とは？

第1、2章で英語の学び方の基礎をご紹介しました。この章では、子どもがお父さんお母さんと遊びながら英語が好きになる実践的なトレーニングをご紹介していきます。

いうまでもなく、子どもは遊びが大好きです。

子どものときというのは、虫採りをしたり、ごっこ遊びをしたり、テレビゲームをしたりして日常の大半を過ごします。

遊びの楽しさは大人になっても変わりません。旅行をしたり、ショッピングをしたり、スポーツを楽しんだりするのも、遊びの楽しさを知っているからです。

そう考えれば、遊びは人生において欠かせないものであり、生活に潤いをもたらす大切な行為だと位置づけることができます。

このように、私たちの生活に密着している遊びですが、いざ、「遊びとは何か？」と問われると、明快に答えるのは意外と難しかったりするものです。

では、子どもと大人の遊びの大きな違いは何でしょうか。

大人は遊びと仕事、遊びと勉強といったような区別をしますが、**子どもは遊びと学びの区別がありません。**すべてが遊びだと考えるのが子どものいいところであり強みです。

フランスの思想家であるロジェ・カイヨワの有名な著書『遊びと人間』（講談社学術文庫）は、そうした遊びの本質を追究した哲学書です。

この本のなかで、カイヨワは遊びに関しての基本的な定義を、おおよそ以下のように記述しています。

1. 自由で自発的な活動

すなわち、遊戯が強制されないこと。参加を強制される遊びはたちまち喜びと楽しみの源泉という性質を失ってしまう。つまり「もうやーめた」と立ち去る自由があることが大切です。

2．分離された活動

すなわち、あらかじめ決められた明確な時間と場所の限界の中で完成されていること。つまり、「はじまり」と「おわり」があること。

3．不確定な活動

ゲーム展開が決定されていたり、先に結果が分かっていてはいけない。創意の工夫があるのだから、ある種の自由がかならず遊戯者の側に残されていなくてはならない。

4．非生産的活動

財産も富も、いかなる種類の新要素も作り出さないこと。遊戯者間での所有権の移動をのぞいて、勝負開始時と同じ状態に帰着する。

5．規則をもつ活動

たとえば人形遊び、鬼ごっこなど、約束ごとに従う活動。この約束ごとは通常法規を停止し、一時的に新しい法を確立する。そしてこの法だけが通用する。

6．虚構の活動

日常生活と対比した場合、二次的な現実、または明白に非現実であるという特殊な意識を伴っていること。

この定義について私なりに解釈しながら、英語を遊びとしてとらえたとき、特に重要なのは、1．自由で自発的な活動、2．分離された活動という部分です。

この点を踏まえて、親子で英語を遊びながら習得するとき、お父さんお母さんに心がけていただきたいルールがふたつあります。

- **子どもに強制しないこと**
- **はじまりとおわりを設定すること**

このふたつのどちらかが欠けても、子どもは遊びとして楽しみながら、集中して英語と接することができないからです。

そして欲をいえば、もうひとつ大事な要素があります。それは、**明確なルールをつくる**ということです。子どもは、意外にも遊びのなかでルールを決めてもらうことが好きなので、お父さんお母さんがルールを決めて遊んであげてください。

遊びとして英語を学ぶとは、はじめとおわり、ルールをつくる

Training 2

子ども部屋やおもちゃを英語環境にしてあげよう！

子どもの日常に遊びを散りばめる工夫として、**日常生活のなかで英語環境をつくる**ということが挙げられます。

たとえば、プレスクールやバイリンガル幼稚園では、英単語表などを目につく場所に貼りつけて覚える工夫をしています。日本語教育の保育園や幼稚園でも、「あいうえお表」などが貼られていますよね。当然子どもたちはしょっちゅう壁に貼られている英単語表や「あいうえお表」を見るでしょう。

これと同じことを家でもやってあげればいいのです。

そこで、まず提案したいのが、**子ども部屋を英語部屋に変える**ことです。

部屋の壁はもちろんのこと、柱や天井、机やタンスなど、子どもが目にする頻度が高いような場所に英単語を貼りつけてあげるのです。

子ども部屋がない場合は、子どもが生活している部屋や空間を使って実践してみてください。リビングの壁や冷蔵庫に英単語表を貼りつけてもいいですし、トイレに英語の絵本を置くのもいいかもしれません。コツは、**そのコーナーには英語のものだけを集めること。**日本語と英語を混ぜずに英語のものだけ設置します。そうすれば、子どもの脳はそのコーナーで遊ぶとき、自然と英語の脳へとスイッチングします。

「なんてアナログなんだ」と思われるかもしれませんが、実はこうした方法は脳科学的な立場からも非常におすすめです。

なぜなら、私たちの脳というのは、何かしらのインプットがなければ、それを埋めようとして、いろいろなものに気が散ってしまうという特性があります。

ですが、いつも生活している空間でそれほど注意を向けなくても、**いつでも目につくような、ほどよい程度のインプットがあると、脳はかえって思考に集中できるようになり、記憶の定着にも最適**なのです。

さらには、おもちゃや教材選びも、日常生活のなかで英語環境をつくれるかの大事なポイントになってきます。

いまは子どもの年齢やレベルに応じて、実にさまざまな英語教材があります。

そんな教材選びのポイントは、日本人向けというよりも、海外の子どもが使っていたり、プレスクール、バイリンガル幼稚園で使われているものを選ぶことです。いまではインターネット通販などで簡単に手に入れることができます。

では、なぜ海外の子どもやプレスクール、バイリンガル幼稚園で使われているものがいいのかといえば、プレスクールやバイリンガル幼稚園で使われている教材というのは、子どもの発達段階をよく考慮して厳選されているので、非常にクオリティが高いといえるからです。

英語環境を整えたら、親子で一緒に遊ぶことが大事

さて、そうした教材を手に入れて、実際に子どもに与えたとしましょう。

ですが、それだけでお父さんお母さんは満足してはいけません。

ここで重要なのは、教材の使い方です。

やはり最初は、**お父さんお母さんがお子さんと一緒になって教材で遊んであげてくださ**

英語の部屋やコーナーをつくって 親子で遊ぼう

い。

子どもは、お父さんお母さんと一緒に教材で遊ぶことによって英語に興味を持ち、積極的かつ継続的に学ぶようになります。

くり返しますが、大事なのはお父さんお母さんが英語をできるかどうかではなく、子どもの英語教育に興味関心を持ってあげることです。

また、教材の有効な使い方として、**子どもを先生にしてお父さんお母さんが教えてもらう**という方法もおすすめです。

たとえば、あえて子どもに「お母さんにもその発音のしかたを教えて」と聞いてみるのもいいでしょう。子どもが得意げに発音してくれればしめたもの。子どもにとっては大人が知らないことを自分が知っていることが自信になり、英語を学ぶモチベーションになります。

家のなかに英語のコーナーをつくろう

Training 3

海外で人気のことば遊びをやってみよう！

日本の親子がおこなうことば遊びには、しりとりやオノマトペを用いた童謡や手遊び（「ずいずいずっころばし」や、「しあわせならてをたたこう」のようなもの）、あるいは早口言葉など、いろいろなものがあります。

そうしたことば遊びは特別な道具もいらず、いつでもどこでも、思い立ったらすぐできるのが魅力です。

また、親子で楽しみながらことば遊びをすることは子どもの脳を活性化させるだけでなく、親子間のスキンシップを増やしたり、子どもの語彙を豊かにしたりする効果もあるのでメリットがたくさんあります。

それこそ、夏休みの家族旅行やお盆の帰省では、車や電車での長い移動時間を余儀なくされますよね。そんなシチュエーションで子どもが退屈して騒ぎだしたりグズったりしたときにも、ことば遊びは有効です。

ところで、ことば遊びというのは世界各国でおこなわれているのをご存知でしょうか。

英語を学ぶなら、海外の子どもたちのことば遊びを取り入れるのは効果のある方法です。

では、海外の子どもたち、あるいは親子がどのような遊びをしているのか、少しだけご紹介しましょう。

I SPY WITH MY LITTLE EYE

【遊び方】

これは、私が高校1年でカナダに短期語学留学していたとき、現地の子どもたちがよくやっていた、部屋だけでなく、どこでもできるとてもかんたんな遊びです。

まず「見つけるもの」を決めます。たとえば子どもに部屋のなかにある赤いりんごを見つけさせたいなら、お父さんお母さんがこのようにいいます。

「I spy with my little eye ... something red!（赤いもの、見つけた！）」

すると、子どもは部屋のなかを歩き回り、お父さんお母さんが言っているもの（赤いもの）を探します。

子どもがりんごを見つけて「A red apple!」といえたらポイントになります。

Knock Knock Jokes

【遊び方】

これは子どもから大人までが即興のダジャレを楽しむことば遊びです。

まず、親子ふたりでドアの外となかにいる人物になり、単純な質問と答えをやり取りします。

ドアの外にいる人物が「Knock Kncok!」と話しかけて会話をはじめ、ドアのなかの人物役は「Who's there?」と質問をして聞き役にまわります。

外の人：「Knock Knock!」（「トン、トン」）
中の人：「Who's there?」（どなた？）
外の人：「Allison!」（アリソンです）
中の人：「Allison Who?」（どちらのアリソンさん？）
外の人：「Alice in Wonderland」（不思議の国のアリスよ！）

もしわかりづらければ、YouTubeに遊び方の解説をしている動画もあるので参考にしてみてください。

英語の言葉遊びをやってみよう

ほかにも、「I went to the supermarket to buy Apple, Beer, Chees…とＡＢＣ順にスーパーマーケットで買えるようなものをいいあって続けていく、あるいは動物の名前を英語でいいあってみるのでもいいでしょう。それこそ、親子で一緒にお風呂に入ってこうしたことば遊びをすると、脳内の副交感神経が刺激され、新しい情報を受け取りやすく、さらに記憶が残りやすいことが脳科学の研究でもわかっています。つまり、**お風呂は英単語を覚える学習効果が高い時間**だというわけです。

このように非常に簡単で短く、しかも言葉のやりとりだけで、特別な道具もいらずどこでもできる英語のことば遊びなので、お子さんが少しの単語を知っていればできることです。

英語の勉強だと肩ひじをはらずに、お父さんお母さんも一緒になって、ぜひ楽しくことば遊びをしてみてはいかがでしょうか。

英語のことば遊びを親子の遊びに取り入れてみよう

Training 4

海外アニメから流れてくる英語も立派な教材！

遊びのなかで「英語を聴く」こともとても大切です。でも、「英語の音楽と英語の会話、聴いて学ぶにはどちらが効果的なの？」ここまで読んでくださったお父さんお母さんのなかには、こんな疑問が浮かび上がってきたかもしれませんね。それにお答えするならば、**どちらも効果的で重要だというのが私の意見**です。

たとえば子どもがクラシック音楽を聴いていたとしましょう。なかでもモーツァルトをたくさん聴いている子どもは、はじめて聴いた音楽でも「あ、この音楽はモーツァルト風だな」と脳が認識できるようになっていきます。

英語も同じで、**英語の音をたくさん聴いていると、はじめて聞く文章でも「英語だ」とわかるようになるからです。**

ありがたいことに、いまはテクノロジーの発展によって、私たちのまわりにはありとあらゆる英語の素材がいくらでもあります。

そのひとつが、子どもたちが大好きなアニメです。子どもが好きなディズニーなどの海外アニメも、お金をかけずとも観たり聴いたりすることができます。

たとえば、子どもが好きなアニメから流れてくる英語のシャワーを子どもにたくさん浴びさせてあげてください。

そのときに、英語力をアップさせる重要なポイントがあります。

それは、たとえばアニメを見ていたら、**最初は簡単な単語やセリフでもいいので、実際にまねしてみるということを心がけてください。**

また、好きな英語のアニメソングがあるならば、実際に声に出して歌わせてあげてください。そのときに、身体を使って演じたり、振りつけやダンスが組みあわされればなおいいでしょう。

お遊戯のセリフも音楽もそうですが、ただ観ているだけでは上達しません。**実際に演じ**

たり、歌ったりすることで、はじめて上達していけるのです。

聴く・話す・歌うの学びは5歳までがベスト

こうした聴く、話す、歌うといった英語の学びは、日本の英語教育環境を鑑ても、5歳までが取り組むベストタイミングだといえます。

従来の日本の英語教育は、お父さんお母さんも思い起こしてみれば腑に落ちると思いますが、圧倒的に読み書きの時間が多かったはずです。

そうした現状の英語教育を考えれば、5歳までという時期に聴く、話す、歌うといった英語の学びをおこなうことで、子どもが将来英語を使えるようになる可能性が格段に上がっていきます。

また、お父さんお母さんのなかには、子どもに英語のアニメを見せてあげたり、ときには英語の絵本を読み聞かせしている方もいるでしょう。

そのようなとき、「私の英語の発音で大丈夫なのかな?」と不安に思われるかもしれません。

たしかに、日本人であるお父さんお母さんの発音とネイティブの発音とは違いますし、子どもの脳はアニメからはネイティブの発音情報、お父さんお母さんからはその独特の発音情報の両方を入れることができます。

そのときに、どうしても生身のお父さんお母さんの発音情報のほうが強くなることがわかっています。

ですから、どこかで**ネイティブの人がその絵本を読む機会をつくってあげてください。**

それによって、子どもは「なんとなくこっちの発音がいいんだな」と理解できるようになり、その発音を基準にアニメや音楽を観たり聴いたりできるようになっていきます。

どこかでネイティブの英語に触れる経験を

Training 5

親子でカンタン！1日10分のラジオで英語力アップ！

引き続き、「聴く」ことに関連した話をします。

「生身のネイティブ話者が、いつも家にいるわけではないし……」

「私たち親がネイティブでなくても、子どもの英語は上達するの？」

前項でもネイティブの英語に触れる大切さをお話ししましたが、そんな悩みや疑問を抱える、お父さんお母さんもいることでしょう。

理想的には生身のネイティブ話者が目の前にいたほうがベストですが、両親のどちらかが外国人でない限り、そうした環境を常に保ち続けるのは、至難の業です。

その意味でも、世の中にある英語の「教材」を遊びとして利用しない手はありません。

英語の音楽や動画を流しているだけでは、単に一方通行の情報をインプットしているに過ぎないと述べましたが、かといって、私は音楽や動画を流すことを全面的に否定しているわけではありません。

たとえば、YouTubeひとつとってみても、実にありとあらゆる英語教育の動画を観ることができます。なかには、英語教室やインターナショナルスクールの授業まで、動画で見ることができるくらいです。こうした動画を利用しないなんて、もったいないことだと私は思います。

動画や音声で英語を学ぶときのコツは？

ただし、こうした英語の動画や音楽を利用するときに、心がけてほしいことがあります。それは、**日本語とは違う英語の音のリズムを意識する**ということです。それによって、脳が瞬時に英語を聞き分けられるようになっていき、耳がだんだん英語の音やリズムに慣れてくるからです。

言語を音楽として考えてみると、日本語には日本語独特のリズムがあるように、英語にも独特のリズムがあります。子どもの英語も、最初は音のリズムやイントネーションを聞き分ける練習として、テレビやPCで英語の音楽や動画を利用するのは有効なのです。

実際、いつまで経っても英語がうまくならない子どもや大人を見ていると、英語の音楽やリズムが身についていないということに気がつきます。

そこでぜひともおすすめしたいのが、**1日10分、英語のラジオを聴く**というもの。英語習得のためにラジオを聴くというのは、インターネットやスマートフォンのアプリが登場する以前から根強い人気を持った、伝統的効果のある英語学習法です。

私自身はよく、仕事中にＢＢＣの「Radio 4」を聴いているのですが、現在では、たくさんのラジオ講座が無料で提供され、目的やレベルにあわせた学習が可能になっています。

もちろん、リアルタイムに聴けなくても、録音したりダウンロードしたりということも可能なので、**いつでも好きな時間に聴くことができるというメリットもあります。**

興味のある話題であれば何度でも繰り返し聴くことで英語の音やリズムだけでなく、言葉の理解の上達にもおおいに役立つはずです。

リズムを体感するために1日10分、ラジオで英語を聞こう

Training 6 親子で英語が好きになる「Show and Tell」

英語教育において、幼稚園の時期に英検1級の合格を目指す風潮があると述べましたが、「英検1級をとる」こと自体はゴールではありません。ここまで読んでくださったお父さんお母さんはすでにおわかりでしょう。英語を早くから学ぶ目的は、「大人になったとき物おじせず英語でコミュニケーションをとれるようにしておく」ことです。

そうであるなら、子どもの英語教育において何より大事にしなければいけないポイントとは、**お父さんお母さんと一緒に遊びながら英語が好きになる**ということだと私は思います。

そこで、お父さんお母さんにおすすめしたいのが、**Show and Tell**という遊びです。

これは、子どもが英語を学ぶうえで絶対に欠かせない英語遊びだといっても過言ではありません。

「Show and Tell」は、英語圏の幼稚園では定番の教育法であり、日本のプレスクールやバイリンガル幼稚園でも実践されています。具体的には、ひとりの子どもが、クラスのみんなの前で自分の好きなものを見せながら（Show）、それについて話す（Tell）という活動で、いわばプロジェクト学習のもっともシンプルな形でもあります。

たとえば、

- 自分が赤ちゃんのときの写真
- 誕生日にもらったおもちゃ
- 旅行先で買ったおみやげ

などなど。なんでもかまいません。

要は自分がみんなに見せたいもの、それについて聞いてほしいものを決めて、みんなの前で実際に話をして、話し終わったあとはクラスメイトからの質問を受けたりします。

なぜ、この「Show and Tell」をやることで、子どもが英語を好きになるのかといえば、大きくふたつの要因が挙げられます。

1. 自分の伝えたいことを聞いてもらえてうれしい

2. 聞いて欲しい相手がいることが楽しい

これらを脳科学的な立場で考えると、この「Show and Tell」をやることで脳内物質であるドーパミンが溢れ出し、脳の強化学習が起こることで英語がますます好きになっていくということです。

というのも、子どもは本来、自分を見てほしいと思っているからです。その証拠に、お子さんも「ねーねー、これ見て！」と自分の好きなものをお父さんお母さんに見せたがりませんか？　その願望を受け入れてもらうことで子どもは安心感と自信をつけていきます。

英語教育で、どうやって子どものやる気を起こさせるかを考えるときに、ぜひこの「Show and Tell」を親子で実践してみてください。

これが、子どもが英語を習得するモチベーションになることは間違いありません。

簡単なやりとりからはじめよう

「いきなり英語でやりとりするのって、子どもにとって難しいのでは？」

そう思われるお父さんお母さんもいるかもしれませんが、最初は子どもが「Yes」「No」で答えられる簡単なやりとりからはじめればいいでしょう。

知っている単語で答えられる質問を親が子どもに投げかけてあげることで、英語を話せない子どもにも「Show and Tell」ができるはずです。

ポイントは、**子どもが大好きなもの、興味を持っているもの、誰かに見せたいものについてお父さんお母さんが興味を示し、それについて聞いてあげる**ことです。

たったそれだけでも、子どもの見せたい、話したいという気持ちがグンとアップしていきます。

そうして、じょじょに子どもの英語力にあわせて、質問を具体的にしていきましょう。

少しずつでもいいので子どもを勇気づけながら「できた！」という成功体験をたくさん積み上げていってください。

子どもに「英語で話したい」「伝えたい」と思わせよう

Training 7

遊び感覚で楽しめる！発音チェックは「Siri」におまかせ！

ではここで、デジタル時代ならではの、とっておきの英語遊びをご紹介します。

それは、日本では多くの人が持っているスマホiPhoneに搭載されている音声認識機能**Siri**を子どもと使うことです。

Siriは、スマホを使っている人の発話を認識し、音声を解析して操作命令を実行したり、質問に答えたりする人工知能で、いわゆる「音声アシスタント」です。

スマホに話しかけるだけでスケジュール管理やウェブ検索など、ひと通りの操作をおこなうことができるので、使っているお父さんお母さんも多いのではないでしょうか。

Siriは日本語にも対応していますが、もちろん英語でも使えます。外国人に話しかけるには抵抗があるという人でも、Siriには気軽に英語で話しかけることができるのではないでしょうか。

ぜひこのSiriを使って、子どもと遊んでみてください。

というのも、**Siriはとても優秀で、発音が正しくないと聴きとってくれないので、子どもの発音チェックにも役立ちます。**

「light」と「right」、「flight」と「fright」、「play」と「pray」など、日本人がやってしまいがちな発音の間違いを再確認するうえでも、Siriは最適なアプリケーションなのです。

たとえば、Siriとこんなやりとりをするのはいかがでしょうか。

「How's the weather today?」（きょうの天気を教えて）
「Check the recipe of curry.」（カレーのレシピを調べて）
「Set an alarm for 7 AM.」（午前7時にアラームをセットして）

こうした日常生活のさまざまな場面において遊び感覚でSiriと会話をすることで、子どもの英語力が自然にアップしていきます。

また、iPhoneのSiriでなくともGoogle HomeとかAmazon Echoなどのスマートスピーカーでもいいでしょう。要は、音声アシスタント機能を持つツールの言語設定を英語にして、英語でやりとりするのがポイントです。

英語のものまねで英語力が伸びる

そのほかにも、お父さんが好きなスポーツ番組や、お母さんが好きな海外ドラマなどを観ながらできる、**英語のものまね遊び**というものがあります。

スポーツやドラマの番組には、必ずといっていいほど「英語の副音声」がありますよね。英語の副音声でテレビをご覧になったことのある方はご存じかもしれませんが、意外にも面白い印象的なフレーズやボキャブラリーが豊富です。

ですから、ついついものまねしてみたくなるようなものが多くあります。こうしたものまねを子どもと一緒に楽しんでみてください。

ここで大事なのは、お父さんお母さんはただ単にテレビを観ているだけではいけません。あくまでも、**子どもに「パパとママはいま自分とものまねで遊んでくれているんだ」と思わせることが重要です。**それによって、子どもの集中力に拍車がかかっていくはずです。

特に、スポーツ番組の副音声を聞いていると、必ず決まりきった定型の言葉があるので初心者にはおすすめです。私の経験でいえば、つい最近観ていた大リーグの試合で「swing

and miss」という言葉がありました。

これは、「空振りした」という意味なのですが、副音声の解説者はまるでコメディアンのような言い方をしていて非常に面白かったのです。こうした解説者のフレーズを、お父さんが子どもの前で率先してものまねしてみせてあげてください。

お母さんがドラマを観ているのであれば、英語のちょっとしたフレーズなどを使って、実際の登場人物になりきってものまねをしてあげてみてください。たとえ子どもが、言葉の意味はわからなくても、ものまねを音として楽しむだけでも効果があります。

また、お父さんお母さんがそうした音の再現をすることで、子どもだけではなく、ご自身の発音の上達にもつながります。

テレビや音声アシスタント、文明の利器もかしこく利用

Training 8

親子で英字新聞を読むのも遊びのうち！

5歳までのお子さんには難しいかもしれませんが、5歳以降、親子で英語を学び続ける際に有効な方法をご紹介しましょう。

ひとつめは「英字新聞を読むこと」です。

それというのも、私はつねづね思うのですが、英語を理解するというのは、まるで言葉のパズルを解いているようなものだからです。これは単に日本語に訳して意味を理解するということではなく、「なんでネイティブ話者はこういうときにこういう言い方をするんだろう？」という、いわばミステリーの謎解きのような感覚が英語にはあるのです。

こうした言葉のパズルを解く、言葉の背景にあるミステリーを解くためのトレーニングとして私がおすすめしたいのが、親子で英字新聞を読んでみることなのです！

「英字新聞!? なんかむずかしそうで手が出ない……」

たしかに、そう感じる人も多いかもしれません。

ですが、日本の新聞同様すべてを読まなくてもいいですし、すべてを理解できなくてもいいのです。

初心者でも英字新聞を読めるようになるコツは、**「英語でおもしろい情報を仕入れる」という遊び感覚で、気軽に英字新聞を読みはじめてみること**です。

すると、意外にも英語の記事を通してネイティブのボキャブラリーや言いまわしを学ぶことができます。これを習慣化させて、「英語をツールとして使う」ということに慣れることが、英語力向上の近道といえます。

私がおすすめする英字新聞は、**『ジャパンタイムズ』**です。

正式には「The Japan Times / The New York Times」といって、「ニューヨークタイムズ」がついているのでおトク感もありますし、非常に洗練された「ニューヨークタイムズ」の記事に触れることもできますし、日米の論調を読み比べることもできます。

主要な駅の売店やコンビニでも売っているところがあるので、手軽に手に入りますし、初心者には「The Jaopan Times ST（スチューーデント）」というのがある点もおすすめです。

では、ここからさらに詳しく、英字新聞を読むコツを伝授していきたいと思います。

1．自分が読みたい記事を探し出す

最初は、自分が好きな記事を探して読んでみてください。

特に初心者の方は、ご自身が興味のあるスポーツや、音楽、映画などについて読んでみましょう。

2．同じ分野の記事を定点観測的に読む

さまざまな記事に触れるということも大切ですが、意識して同じ分野の記事を継続して読むことも大切です。

たとえば、サッカーのワールドカップ期間中であれば、1カ月にわたって記事を読むことができます。天気予報なども同じです。**記事を継続して読むことで、同じ単語に何度も触れることができ語彙力が定着します。**また、知っている単語が増えてくると理解度もあがり読みやすく英語力の成長を感じられます。

3. 英字新聞の見出しやリードだけでも理解する

見出しやリードと呼ばれる、１段落目だけを読むところからはじめてもいいでしょう。そこに大切な情報が盛り込まれていて、だいたいの内容を読みとることができるからです。

英語を読みはじめるうえでやりがちなのが、すべての単語を調べようとすることです。日本語でもそうですが、知らない漢字がでてきたらだいたいの意味を想像して読み進めればよく、英語の場合もすべての単語を調べる必要はありません。

最低限の言葉だけは調べて、わからない単語は意味を想像しながら読み進めていけばいいのです。記事を読んだら、その記事のサマリーを親子で語りあいましょう。どんな内容が書かれていたのか、その記事を読んでどう思ったのかを簡単な会話にしてみましょう。

難しい言い回しをするのではなく、こうしたインプットとアウトプットを繰り返すことに重きを置いてください。

英字新聞で英語に慣れよう

Training 9

プロジェクト学習を英語ではじめてみよう！

私がはじめて英語に触れたのは、小学生のころでした。

当時は、いまほど英語を学ぶための環境に恵まれていたわけではありませんでしたが、ＴＶで観られた「セサミストリート」は私にとって優れたコンテンツで、貴重な英語の学習の機会でした。あとは、『チキ・チキ・バン・バン』などの洋画を映画館に見にいったりして、一生懸命に字幕を追いかけていたものです。

ところが中学校の英語の授業がはじまると、私のなかで違和感が生まれていきました。

皆さんも経験があると思いますが、英語の授業で先生が「ギブミーチョコレート」、「ディスイズアペン」などと、あえて日本語的な発音で、生徒に英語を話させるのです。

そんなふうなので、僕の同級生にもいたのですが、帰国子女の生徒はネイティブの流暢な発音をするとかえってみんなにからかわれるので、わざと日本語的に話していました。

バカげていると思うかもしれませんが、現実としてそんなことがあったのです。

リズムや音韻に保守的な日本人

おそらく、日本人は言葉のリズムや音韻に関して、ものすごく保守的な民族です。

その証拠に、日本語は中国の影響を受けていながらも、中国的な発音やイントネーションはほとんど残っていません。言語的に関係の深い中国語ですらこうなのですから、日本人にとって英語の発音やイントネーション、リズムで話すということは、かなりハードルが高いのかもしれません。特に、日本語話者としてしっかり育ってきた人ほど、英語をネイティブのように話すというのは、まるでもうひとりの自分になるような気がして心理的にも抵抗があることもあるようです。だからこそ子どものころから英語の発音やイントネーション、リズムに抵抗をなくすというのは、とても大事になってきます。

そうした抵抗をなくす、「脱日本語英語」への最善の方法としてお父さんお母さんに提案したいのが、**親子でおこなう英語のプロジェクト学習**です。

プロジェクト学習とは、子どもが興味のあるテーマについて調べていき、まとめたものを発表する学習方法です。

「英語でプロジェクト学習？ 何かとてもむずかしそう……」

そんな声が聞こえてきそうですが、身構える必要はありません。

まず子どもが興味を持っているテーマを決めて、最初のうちは少しずつでかまいませんから英語を取り入れていけばいいのです。たとえば、新幹線が好きだとしたら、日本全国のさまざまな新幹線を調べていき、どのようなルートで走っているのかを、英語のアナウンス風にお父さんお母さんの前で発表してみるといったことでもいいでしょう。

あるいは、音楽が好きであれば英語の歌の意味やシンガーのプロフィールを英語でつくってお父さんお母さんの前で発表してみるのもいいかもしれません。

ほかにも、スポーツやアニメ・映画など、お子さんが興味のある分野でテーマを決めて、英語で調べて親子で発表するということを遊び感覚でおこなってみてください。

きっと、子どもの発音やイントネーションのブラッシュアップの役に立てるはずです。

好きなことを英語で調べて発表しよう

第4章

教えて！　茂木先生
子どもが英語好きになる秘訣！

Question 1

子どもが英語に乗り気ではないのですが……

A. 英語を学ぶということを特別なことだと思わないで！

この章では、子どもの英語教育でお父さんお母さんが直面しがちな問題や疑問にお答えしながら、さらに英語のトレーニング方法を紹介していきたいと思います。

まず、小さな子どもにとって英語を学ぶことは何か特別なことでしょうか？　私はそうは思いません。なぜなら、**子どもにとっては英語に限らずすべてのことがはじめての体験だからです。**


「はじめて歩けるようになった」

「はじめて自分でごはんが食べられた」

「はじめてパパ、ママと言葉が話せた」

こうした「はじめて」と「英語を学ぶ」ということに違いはないのです。

そう考えれば、「子どもに英語を勉強させなくちゃ」と身構えてしまっているのは、お父さんお母さんだけなのかもしれません。

そもそも、いまの親御さん世代くらいまでの日本人は、英語に対する畏れ、身構えみたいなものがすごく強い。そう私は感じます。「私は英語が苦手だ」というイメージ、「苦手でも仕方がない」という思い込み（マインドセット）を持っている人が多いですね。

この諦めの気持ちが曲者で、「英語は大事だとは思うんですけどね……」と言う大人のほとんどは、「必要だと思うけど、苦手だし、どうせできないからやらない」という負のスパイラルに陥っています。それでは英語が上達するはずもありません。

その轍を踏まないためにも、なるべく小さい、早い時期から英語を学ぶことによって、「英語は何も特別なものではないんだ」というマインドセットを形成することが大切です。

英語は特別なスキルではなく、一般的なツールになっている

英語は特別なものではないというマインドセットの重要性を、つい最近も強く感じた出来事がありました。

ある宇宙開発関係の国際会議に参加したときのことです。

MCを務めていたのは宇宙飛行士の野口聡一《のぐちそういち》さんでした。参加者の半分が外国からのゲストだったこともあって、野口さんはいきなり英語で話しはじめました。

そして、このような（もちろん英語の）ジョークで会場の笑いをとっていました。

「私は来年も国際宇宙ステーションに行く予定なのですが、いまボーイング社がロケットをつくっているようで、ボーイングで行くのか、スペースXで行くのか見当もつきません。私が以前、NASAのスペースシャトルで宇宙に行ったときはエコノミークラスだったのですが、ボーイング社さんがロケットつくってくれれば、これからはビジネスクラスで宇宙に行けるようになるのです！」

会場には、ボーイング社の人たちも来ていて、このユーモアあふれるジョークに会場は大きな笑いに包まれていました。

さらに、この国際会議には私以外にもパネリストとして、「iモードの父」として有名な夏野剛《なつのたけし》さんと、「現代の魔術師」とも呼ばれているメディアアーティスト落合陽一《おちあいよういち》さんが来ていました。ふたりとも、いわずと知れた日本でもトップの実業家、研究者です。

一般的には夏野さんも落合さんも英語を話すイメージがあまりないと思います。僕はふたりと面識がありますが、国際会議の場でどのような英語を話すのかについてはよく知りませんでした。ところが、ふたりとも「英語、話せますけど何か?」と言わんばかりに、当たり前のように英語を駆使していたのです。そのとき私は、「あー、これからの時代は、英語を話すということが何も特別なことではないんだな」と改めて思ったのです。

これからの時代は、**英語をツールとして使えるかどうか**が大切です。

皆さんのお子さんが社会に出る何十年か先には、英語が話せないということは、「パンツをはかないで人前に出る」くらいの恥ずかしいことになっているかもしれません。そのような時代が来るとするならば、**英語を話せるということを特別視したり、身構えたりしないほうがいい**わけです。

ですから、親御さんは、自分の子どもが何か日常的なはじめての体験をするのと同じように、英語を学ぶことも子どもにとって当たり前のことだととらえてはいかがでしょうか。

英語は「特別なスキル」ではなく「日常のツール」になってきた

Question 2

うちの子はまだ1歳。英語を学ぶには早すぎるのでは？

A. 英語を学ぶのに「早すぎる」ということはありません！

「うちの子はまだ○歳だし……」

「英語なんてまだできるわけない！」

このように考えてしまっている、お父さんお母さんも多いのではないでしょうか。

ですが、こうした考え方は、先に述べた子どものドーパミンサイクルを育てていくうえでの阻害要因になりかねませんし、何よりもお父さんお母さんが子どもの可能性の芽を摘み取ってしまう可能性があります。

アメリカやイギリスのお父さんお母さんが、「この子はまだ1歳だから英語を話すのはムリ」と決めつけているでしょうか？　そんなはずありませんよね。だったらそれは、日本人である皆さんも同じことです。

子どもの脳というのは、**自発的に遊んでいるときや、何か新しいことにチャレンジして**

いるときにもっとも活性化することが脳科学の研究でも明らかになっています。特に、0歳から5歳の子どもは、はじめてのことを「できた！」という成功体験が大好き。

この「できた！」というたくさんの喜びと「よくできたね！」「えらいね！」とたくさんほめられることで、子どもの脳のなかでドーパミンが二重に分泌され、脳の神経回路が強化されていくのです。

そして、実はこれは子どもに限らず、世の中で成功している人や天才と呼ばれている人は、仕事でも勉強でも人生においても、成功体験を積み重ねるのがうまい人だといえます。

たしかに、0歳や1歳で英語に触れるのは、最初は大変かもしれません。でもこれは自転車のこぎはじめみたいなもの。大変なのははじめだけで、ドーパミンが出て脳の強化学習ができあがれば記憶力や上達する力もついていきます。

そうすれば、あとは勝手に英語に触れるようになり、それがやがて子どもの自信や意欲に結びついていきます。

ですから、**「まだ○歳なんだから」という固定概念を捨てて、年齢に関係なく、英語も含めて、できるだけ多くのチャレンジを子どもに経験させてあげてください。**

たとえ失敗をしても、「大丈夫だよ、ママがついてるよ」「もう一度頑張ってみよう、パパが応援しているよ」とひと声かけてあげるだけで、子どものさらなるチャレンジを促せますし、子どもにとって失敗することは、「成功したい」という願望となり、さらにドーパミンをたくさん分泌して能力を押し上げる要因となります。

ちなみに、**お父さんやお母さんにほめられることは、他人にほめられるよりもドーパミンの分泌が2倍にも3倍にもなるといわれており、ほめられることで、まさに脳にターボがかかっていきます。**

また、子どものほめ方にもふたつのポイントがあります。

まず、子どもをほめてあげるときは、「〇〇ができた！」「〇〇にチャレンジした！」というときに**時間を置かずすぐにほめるのが基本**です。

また、**できるだけ明確にほめてあげてください。**子どもにわからない形ではなく、「何ができてえらかったのか」「何にチャレンジしたことがえらいのか」を明確に子どもに伝えてあげることで、子どもの脳に学習信号を送ってあげることができるからです。

たとえば、英語のレッスンで、うまくできなかったけれど頑張って最後までやり通せたのであれば、「頑張って最後までやれたね、えらいね！」というように、具体的にほめてあげます。

そしてもうひとつ、具体的にほめることと並行してやってほしいほめ方があります。

それは**「チャレンジできたこと自体をほめる」**というもので、これは子どもが親からの包容力を感じて安心するためにすごく大事です。

つまり、**条件つきの「ほめ」も大事なのですが、無条件の愛情も大事なのです。この両方があってはじめて、子どもの脳は成長を遂げられる**のです。

親の条件つきの「ほめ」と無条件の愛情がドーパミン・サイクルの原動力

Question 3

英語に限らず、何をやらせても飽きっぽいのですが……

A. 子どもの知的好奇心を引き出してあげてください！

子どもは「飽きる天才」だといえます。

ですが、それと同じくらい、子どもの集中力には驚くべきものがあります。なぜなら、小さな子どもは好奇心がいっぱいで、興味のある物事に出会うと夢中になって取り組む天才だからです。

好奇心旺盛だと、**未知の物事を体験してみたいという欲望が強くなることで、さまざまな物事に挑戦する勇気が自然と身につきます。**

好奇心がなければ、自分がやったことがない分野に挑戦することができません。さらには、残念なことに、成長するにしたがってそうした好奇心は少しずつ失われていきます。

「ごっこ遊びが得意」

「なんでもゲームにしてしまう」

そんなふうに子どもが新しい遊びをつくれるのも、好奇心にあふれているからです。

英語も、子どもの知的好奇心さえ引き出せれば、しつこく言わなくても子どもは自分から勉強するようになります。

ですから、お父さんお母さんに心がけていただきたいのは、**子どもの好奇心を英語とうまく結びつける**ことです。

それには、英語を好きにさせようと思うのではなく、**お子さんの好きなことを英語で楽しもうと心がけることが大事**です。

子どもが興味を持っていることならなんでもかまいません。

たとえば、男の子なら乗り物が好き、昆虫が好き、恐竜が好きといったことや、女の子ならバレエダンスが好き、おままごとが好き、ファッションが好きなど、なんでもいいので、好きなものの情報が、英語でどれだけあるのかを知ることが第一歩です。

次に、そうした情報を学びのツールに変えましょう。

たとえば、女の子でバレエに興味があったとします。

それならまずは、テレビでもYouTubeでもいいので、バレエのドキュメンタリーで英

好きなことを学びのツールに

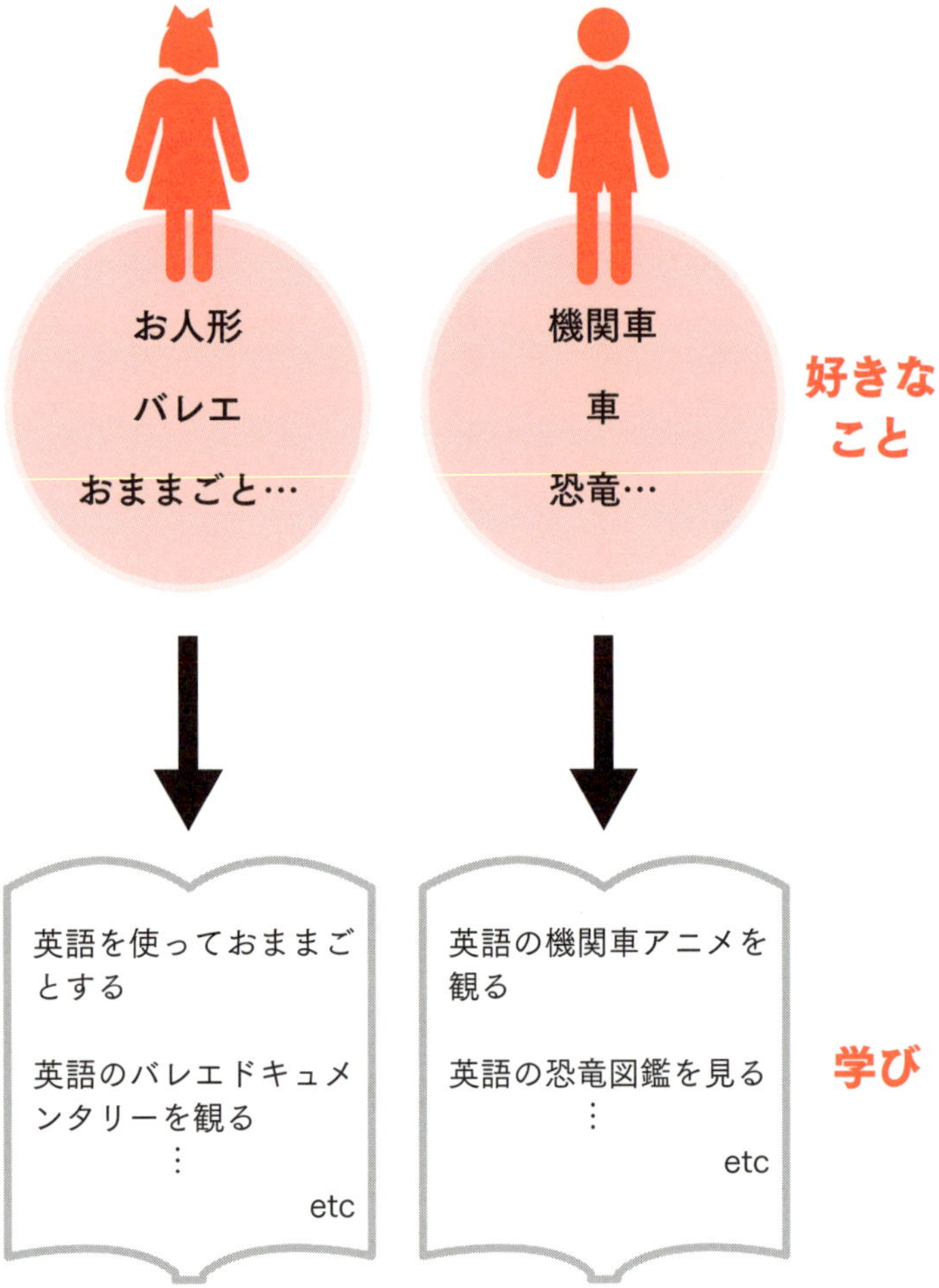

語のナレーションがついてるものを見せてあげるのがおすすめです。学びのツールとして自然に英語があるというのが、子どもの好奇心を刺激するもっとも望ましい方法です。

これは、大人でも同じではないでしょうか。

私自身も、単に英語を学ぼうと、英語の勉強をしているわけではありません。興味のある情報を集めるために、それが英語であるから英語を使っているのです。つまり、私は「英語を学ぼう」と思ったことは一度たりともないのです。

ですから、子どもが英語を習得するために、お父さんお母さんが心がけてほしいのは、**「英語を学ばせる」ではなく、「好きなものに英語で触れさせる」ということ**です。

すると子どもは、好奇心のスイッチがオンになり、必死になってそれを見たり体験したりしようとするはずです。

「好きなもの」を英語の入口にしよう

Question 4

いつまで経っても英語が上達しません。向いていないのでは？

A. いまはサイレント・ピリオドでガマンの時期です！

「うちの子、いつまで経っても英語が上達しない……」

「きっと、英語は向いていないんだわ……」

このように考えるお父さんお母さんも少なくないかもしれませんね。

ですが、これはお父さんお母さんの、子どもの能力に対する勝手な思い込みだということがよくあるのです。

なぜなら、子どもが何かを習得していくプロセスには、**サイレント・ピリオド（沈黙の時期）**というものがあるからです。

たとえば英語を学ぶときに、まわりのお子さんがどんどん話しはじめているのに、自分のお子さんだけは一向に話すことができないとしましょう。

表面的に見れば、お子さんに何の進歩もないように見えてしまうのですが、そのときに脳のなかで何が起きているのかといえば、インプットしている情報をどんどん脳に蓄積しているのです。

この段階は、目に見えるかたちで外部へのアウトプットがありません。そのため、お父さんお母さんから見るとなんの進歩もないように見えるのです。

でも、外部へのアウトプットというかたちでの進歩が見えなくても、脳の神経回路網には微小な変化が蓄積しています。これが**サイレント・ピリオド**です。

ですから、そんなときでも辛抱強く英語の環境に身を置いてあげると、ある時期に突然顕著な進歩を見せます。これが、サイレント・ピリオドが終わった瞬間だということです。

よくある話としては、海外に移住することになった家族がいたとして、最初は親だけが英語を話しているのですが、半年も過ぎると子どもが急に英語を上手に話しはじめ、しまいには親よりも流暢な英語を話すようになるということがあります。

これがまさにサイレント・ピリオドが終わり、ある「しきい値」を超えたときに、顕著な進歩が外に見えるかたちで出てきているということなのです。

英語にしても、子どもが取り組みはじめたそのときに、お父さんお母さんは焦らずじっくりと子どもを観察してあげてください。

たいていの場合においては、親御さんは子どもの才能が大きな木になってから気づくわけですが、子どもの脳のなかでは着々と成長をとげているのですから。

また、サイレント・ピリオドは、類似のさまざまな育脳プロセスにも通じています。

たとえば、英語が上達するためのポイントがあります。

それは、**「面白さのしきい値」によって、ドーパミン・サイクルをまわす手助けになる**ということです。

どんな分野であっても最初はとまどいもあり、またつまらないなと感じることもあるものです。ですが、しばらく我慢して続けていると、突然、「ああ、面白い！」と感じることができるようになっていく。これもまた、子どもの脳が持っているひとつの才能です。

そこで、お父さんお母さんは子どもの「面白さのしきい値」を超える手助けをしてあげてください。そのしきい値を一度超えてしまえば、あとは子どもが勝手に自分で学習するようになっていきます。

では、「面白さのしきい値」を超えるためにはどうすればいいのでしょうか。それは、「理解を深める」ということに尽きます。

英語についていえば、子どもが「面白い」と思えることは、すなわち「英語が理解できた」という成功体験に他なりません。この成功体験がドーパミンを出して、子どもの理解をさらに深めていくのです。

これは大人でもそうですが、本来面白いものが面白いと思えない大きな理由は、そのこと自体をしっかり理解できていないということがあるはずです。

脳の神経回路の変化というのは、ゆっくりとしか進行しないものです。

だからこそ、辛抱強く地道にやるしかないのですが、子どもの理解を深めることができれば、子どもの才能を開花させることにつながっていくことは間違いありません。

「沈黙」こそ「成長」のチャンス

Question 5

うちの子、どうやら発音が苦手なようなのですが……

A. あきらめずに、しつこく英語で話し続けてください！

英語に限らず、語学を習得するというのは、一朝一夕にはいかないものです。それを物語る、ある法則があるのをご存知でしょうか。

それは、**1万時間の法則**というものです。

ベストセラー作家として知られるマルコム・グラッドウェルは、『天才！　成功する人々の法則』（講談社）という本のなかで、成功した起業家や科学者、あるいはスポーツ選手など、天才と呼ばれる人には、成功するためのある共通点があるといいました。それは、**彼らがその分野で人より抜きんでるのに、およそ1万時間費やしている**というものです。

どんな分野でも、およそ1万時間程度継続して取り組んだ人は、その分野のエキスパートになるという理論は、脳科学の観点からも理にかなっているといえます。

というのも、ある特定のことに長い期間にわたって取り組むと、脳の神経回路がどんどん強化されるということがわかっているのです。

ひとつエピソードを紹介するとすれば、マイクロソフトの創業者、ビル・ゲイツが好例ではないでしょうか。

ビル・ゲイツは、中学2年生のころから大学を中退するまでの7年間、1日8時間プログラムの開発にのめりこんでいたそうです。こうした、しつこいまでの継続力こそが、後の成功につながったといっても過言ではありません。

また、一流と呼ばれるスポーツ選手やベートーヴェンやモーツァルトといった天才音楽家も、この1万時間の法則によって脳の神経回路を強化したことで成功を手にしていると考えてもなんら不思議ではありません。

天才と呼ばれている人でも、その分野に大変多くの時間を費やしているという事実からわかるとおり、子どもが英語の発音を習得するにしても、半年や1年では目に見えるような結果は出てこないと考えるべきなのです。

もちろん、「1万時間」という数字自体に、絶対的な意味があるわけではありません。

当然ながら、物事を習得したり達成したりするためのひとつの目安であり、その分野やその人の取り組み方の質によっても変わってきます。しかし、ひとつの事実として、英語に関しても熟達や創造性の発揮には、長い時間を必要とするということは知っておいて損はありません。

さて、この1万時間の法則を英語の発音の上達において考えてみると、1日3時間英語を話したとすれば、およそ10年という月日が必要になってきます。この数字を見て、気が遠くなってしまった方もいるかもしれませんが、**子どもが英語を学ぶということには、この粘り強く継続する「しつこさ」が必要不可欠**なのです。

一般的に「しつこい」といえば、マイナスイメージを持つことが多いかもしれませんが、その対象や方法次第では何かを変える大きな力となることがあるのです。

前述のビル・ゲイツしかり。日本人では、たとえばフィギュアスケートの羽生結弦《はにゅうゆづる》さんも、4歳でフィギュアスケートをはじめ、彼の場合は幼いうちからメキメキ頭角を現していましたが、ジュニアグランプリで史上最年少の総合優勝を果たしたのは、10年後、14歳のときでした。

また何を隠そう、私が英語を習得できた要因のひとつにも、このしつこさがあったと自負しています。私の場合は高校1年の夏休みにカナダにホームステイしたことが、英語に深く触れた最初で、そのとき痛切に「英語を自在にあやつる」ことの必要性を感じました。その思いはいまでも変わらず、日々英語のインプット、アウトプットを欠かさずにいます。

子どもが英語の発音を習得するうえでも、しつこさが何よりの武器になるはずです。何度くじけそうになっても、何度挫折しても続ける、その繰り返しこそが1万時間の法則への近道になるのです！

「しつこく」英語に親しもう！

Question 6

英語の発音基準はアメリカ英語？それともイギリス英語？

A. いろいろなアクセントに触れて「英語の美人脳」をつくってください！

小さなうちからできるだけ多くの英語に触れてインプット・アウトプットを繰り返すことで、ヒアリングやスピーキングの力がついてくるのは、ごく自然なことです。

そんな話をすると、お父さんお母さんから冒頭の質問をいただくことがあります。

たしかに、英語とひとくくりにいっても、英語圏の国によってもアクセントや言いまわしが異なります。アメリカ英語とイギリス英語だけを比べてみても、発音のみならず、同じ意味でもまったく異なった単語を使うことだってあります。

それは、日本語に標準語もあれば土地の方言もあるのと同じです。

では、標準的なアクセントはどこの国の英語で学べばいいのかといえば、**どこの国などということは気にせずに、身近で親しみのある英語でいい**というのが私の考え方です。

どんな英語でも触れることが大切で、その理由は、いうまでもなく明白です。なぜなら、たとえばアメリカの英語を標準のアクセントと決めつけてしまうと、子どもの英語は特定の人にしか伝わらない英語になる可能性があるからです。

さらにいえば、英語はいうまでもなくグローバル言語でもあります。

話す相手が必ずしもアメリカ人であるとは限りませんよね。何より、英語を公用語としている国はアメリカのほかに、イギリスやカナダ、オーストラリアにニュージーランドなどとたくさんあります。ほかにもフィリピン、シンガポール、インド、またガーナやナイジェリアなどアフリカにも英語を公用語としている国がいくつもあります。

これらの国によっても、発音やアクセント、イントネーションが違ってきます。ですから、日本の英語教育の主流といわれるアメリカ英語を勉強しても、聞きとれない英語は必ず出てくるのです。

もちろん、それだけではありません。英語はグローバル言語だといいましたが、世界にはいろいろな「英語」が存在するわけです。

それこそ、インターナショナルスクールなどに行けば、英語圏の人が話す英語のみならず、中国人が話す英語やインド人が話す英語、あるいはヨーロッパやアフリカ諸国の人が話す英語だってあります。

そう考えれば、発音に多少の差異があったところで、そんなことは恐るるに足らず。英語は世界共通のコミュニケーションツールだということ。ですから、**細かいことを気にせずに、とにかく英語を身につけることを最優先してみてください。**

英語の「美人脳」をつくろう

英語を学ぶにあたって、私はよく「英語の美人脳をつくってみよう」というたとえ話をします。

どのようなことかというと、一般的に美人の顔というのは平均的な顔であるといわれているのをご存知でしょうか。

つまり、小さい子どものときからいろいろな女の人の顔を見ているなかで、そのデータが脳のなかに蓄積されていきます。そしてたくさんの顔を認識するたびに、平均的な美人顔が脳のなかにつくられていき、それを私たちは「美人」と認識するのです。

これと同じように、英語もいろいろな発音やアクセント、イントネーションを聞くうちに、標準的な発音やイントネーションが脳のなかでつくられていきます。

たとえば同じアメリカ人でも、いろいろな話し方をする人がいるわけです。

ですから、ひとつの発音に固執する必要なんてまったくありません。

むしろ、最初からひとつの発音だけ聞いていると、発音の平均値がつくり出せないため、いざというときにコミュニケーションがとれないかもしれません。せっかく英語を学ぶのですから、世の中にあるいろいろな英語と接するように心がけてみてください。


「きれいな英語」ではなく「いろいろな英語」に触れよう

Question 7

両親とも英語が苦手で子どもの英語遊びにつきあえないのですが……

A．簡単な遊びからでいいので子どもと一緒に遊んであげてください！

お父さんお母さんのなかには、英語が苦手という方もいると思います。

すると、どうしても子どもと一緒になって英語を学ぶことに、抵抗を持ってしまうことも少なくないはずです。ですが、その苦手意識を乗り越えて、簡単な遊びでいいので子どもと一緒に遊んでください。

アフォーダンスという言葉をご存知でしょうか？

これは、アメリカの知覚心理学者ジェームズ・J・ギブソンによる造語で、与えられた環境のさまざまな要素から、子どもの新しい動作や感情が生まれることです。

たとえば、赤ちゃんが手に取ったものをなんでも口に入れるというのもアフォーダンスの一種であり、小さな子どもがテーブルや窓をポンポン叩いたりするのも、アフォーダンスによるものだと考えられています。

つまり、こうした子どもの特徴を考えると、これまで「しないよりはしたほうがいい」とオススメしてきたテレビやPCで英語の音楽や動画を流す学びだけではアフォーダンスが生まれにくいので、英語学習の文脈を太くすることは難しいといえます。

一方、たとえ英語を苦手としているお父さんお母さんでも、生身の人間が目の前で英語を話していれば、子どもは「今度は自分が何か話さなければならない」という意識を持つようになり、脳に負荷がかかってきます。

これがまさに**スキンシップを通したアフォーダンス**です。これによって、**英語習得の文脈がより太くなっていく**というわけです。

アフォーダンスは日常にあふれている

子どもにアフォーダンスさせるというと難しく思えるかもしれません。でも心配は無用です。なぜなら、アフォーダンスは私たちの日常にあふれているからです。

たとえば、子どもが遊んでいるときによくやる「じゃんけん」。

「グー・チョキ・パー」を英語の「Rock-Paper-Scissors」に言い替えてやってみるのは、

文脈を考えた立派なアフォーダンスです。

また、英語教室などでおなじみの「Head, Shoulders, Knees and Toes」という歌詞の歌で、リズムをとりながら歌詞で出てきた体の部位をタッチする遊びもおすすめです。スピードを変える、歌詞を体の部位以外の身近な持ち物に変えるなどのアレンジをすることができるため、数人でおこなうとよりゲーム性がアップして楽しめます。

「Do as I say!（いわれたとおりに動こう！）」というゲームも、初心者向けのゲームとしておすすめです。

「Jump!」「Walk!」「Sit!」などのシンプルな動作動詞を覚えるのにおなじみのゲームで、「Do as I say! Jump!」といわれたらジャンプするというシンプルなものです。

最初は、お父さんお母さんがいった言葉を聞いて子どもが動くことからはじめて、子どもが慣れてきたら、今度は子どもがいった言葉を聞いてお父さんお母さんが動くというかたちでやってみてください。これは、単純に聞いて理解するだけでなく、子どもがその言葉を発する練習になります。

幼児向けの英語教室やインターナショナルスクールでも必ず手振りや踊りを交えながら、子どもに楽しく英語を学ばせています。

こうした身体性を使った英語教育は、脳をどんどん活性化させながら、英語習得の文脈をなるべく太いものにしようという目的があるのです。

歌や音楽、手振りなどを使ってアフォーダンスしよう

Question 8

家での英語の学びがＤＶＤだけでいいのでしょうか？

A．子どもを膝のうえに乗せて読み聞かせをしてあげてください！

前項にも関連しますが、ＤＶＤなどの教材に親御さんが頼りがちになるのは、そうした教材を子どもが見ている隙に家事ができて便利だという面もあるかもしれません。

ですが、それだけでは子どもの英語教育としてはちょっと物足りない、お遊び感があるというのが私の意見です。

なぜなら、英語を話すネイティブの子どもを想像してみてください。

彼らはそれこそ、０歳から親御さんに英語の絵本を読み聞かせてもらったり、文字が読めるようになった時点から自分で英語の本などを読みはじめますよね？

ですから、私がまず０歳から５歳の子どもを持つお父さんお母さんに推奨しているのが、**下手でもいいから、英語の絵本を読み聞かせてあげる**ことです。

「なんて原始的なんだ」と思われるかもしれませんが、たとえ下手でも生身の人間が読み聞かせするほうが、子どもの脳が本気になるという研究結果があるのです。

英語の絵本を読むときのポイントは、流暢な発音ではありません。

大切なのは、登場人物の気持ちに寄り添って、また登場人物になりきって読み聞かせをするということ。それによって、子どもが物語に感情移入することで他人の気持ちを推測する脳回路の働きが強くなるというメリットも生まれます。


もし、どうしてもお父さんお母さんが読み聞かせできないということであれば、英語を話すことができるネイティブの先生がいる保育園や幼稚園、キッズ英会話教室などに通わせることを検討してみてもいいかもしれません。

そうした生身の人間が英語を話す環境に身を置くことで、子どもの英語への興味がわいてくることもあるからです。

これは英語に限ったことではありませんが、子どもが何かに興味を持ったときが集中して取り組めるチャンスだといえます。

たとえば、男の子であれば恐竜が好きになったら恐竜の絵本、列車が好きになったら列車の絵本、ロボットが好きになったらロボットの絵本というように、そのとき興味のあるジャンルの絵本を読み聞かせしてあげてください。

もし手に入るようでしたら、文字の少ない英語版図鑑でもいいでしょう。

というのも、最初は視覚から入るほうが、子どもの脳にとってはわかりやすいからです。

女の子であれば、人形やキャラクター、あるいはファッションや音楽などといったジャンルの絵本を読み聞かせしてあげてください。

すると、男の子でも女の子でも、そのうち自分で読みたい英語の本をせがむようになるかもしれません。

それは、子どもが英語に興味を持った証でもあるのです。

絵本に興味がない子なんて、いない!?

「うちの子、絵本を読み聞かせようとしても興味がなさそうで……」

こんなお父さんお母さんもいるかもしれませんね。

その原因は、実はお父さんお母さんにあるということを、意外にも見落としてしまいがちです。

なぜなら、**お父さんお母さん自身が、普段から本を読まないと、子どももなかなか本を読むという習慣が身につきません！**

お父さんお母さんが本を読んでいないのに、子どもに読めといっても無理なのです。

ですから、皆さんは普段から本を読んでいる姿を子どもに見せてあげてください。

そして、「本を読む」ということはこんなにも楽しいことなんだよと、身をもって子どもに教えてあげてください。

子どもには、本を読む「親の背中」を見せてあげよう

Question 9

会話のなかでついつい英語と日本語が混ざってしまうのですが……

A. 日本語英語混じりの英語で子どもに話しかけるのはやめましょう!

両親が日本人である限り、子どもに英語を教えようとすると、どうしてもついつい会話のなかで英語と日本語が混ざってしまうということがあるようです。

これは、ダブル（ハーフ）の子どもたちや、プレスクールやバイリンガル幼稚園に通い出したばかりの日本の子どもたちにも、よく見られるケースだといえるでしょう。

「1時間後にキャッチアップするね!」

「かわいいおもちゃをゲットしたね!」

「はーい、ディナー（ランチ）の時間だよ!」

いかがでしょうか。

子どもに英語を学ばそうとしているお父さんお母さんのなかには、身に覚えのある方もいることでしょう。

結論からいえば、**日本語交じりの英語で子どもに話しかけるのは、脳科学の立場からはおすすめできません。**

子どもは生まれた直後から親の言葉遣いを聞いて母国語を習得していきますが、英語を学ぼうとするときには、私たちの脳は「尾状核《びじょうかく》」という部分で言語の切り替えをしています。そのときに、日本語と英語を混在させて会話をしてしまうと、脳のなかで切り替えが難しくなってしまうからです。

そしてもうひとつ、発音の問題もあります。

日本語と英語が混在してしまうと、どうしても英語の発音が日本語的になってしまうので、子どもの英語発音のスキルアップを邪魔してしまいます。

では、こうした脳の切り替えを円滑にするためにはどうすればいいのでしょうか。それは、**「いまは英語」「いまは日本語」というように、会話ごとにしっかり区別をする**ということが大事なポイントになってきます。

たとえば、お父さんがアメリカ人で英語しか話すことができない、お母さんが日本人で日本語しか話すことができない環境で生まれ育った子どもが好例でしょう。

そんな環境で育った子どもは、英語も日本語もきちんと話せるようになりますよね。なぜなら、子どもはお父さんとしゃべるときは英語モード、お母さんとしゃべるときは日本語モードに脳を切り替えて会話をしているからです。

「そうはいっても、なかなかそんな環境をわが子に与えてあげるのは難しいのでは？」

そう考えてしまうお父さんお母さんもいるかもしれません。

であれば、ただ単に指を差して英語の単語だけを伝えることをおすすめします。たとえば、

×「これはアップルだね！」

○「An apple」

もちろん、「This is an apple.」といえればベストですが、「An apple」というように、英単語のみでもかまいません。

ほんとうに小さい子どものうちは、自分が英語を話しているのか、日本語を話している

かという自覚はあまりありません。ごく自然にお父さんお母さんが話す言葉を一緒に使ってしまうので、あまり神経質になりすぎるのも、英語が嫌いになってしまうかもしれないので禁物です。

ただし、お父さんお母さんが英語と日本語を混ぜて話してしまうと子どもは「これでいいんだ」と思ってしまうので、できるだけ日本語で話すときは日本語、英語で話すときは英語と区別して話してあげてください。

英語と日本語は混ぜないで区別する

Question 10

子どもが英語を話す機会がまったくないのですが……

A. お父さんお母さんが英語を話すネイティブの友達をつくってください！

英語に限らず外国語を独学で学ぶことは、皆さんが想像している以上に難しいといえます。だからこそ、英会話教室や外国語スクールに子どもを通わせるご家庭が多いのでしょう。

しかし、通うのには当然お金が必要になってきます。経済的にちょっと難しい、という場合には、どうしても子どもが英語を話す機会をつくることも難しくなりがちです。

そこで、お父さんお母さんに私が提唱したいのが、**英語を話すネイティブの友達をつくり、子どもにも英語を話すネイティブの友達をつくってあげる**ということです。

第1章でも述べましたが、英語を話すネイティブの友達を持つと、当然ながら子どもはその友達が話すネイティブの英語に触れる機会が増えていきます。

さらには、皆さんが普段、友達とコミュニケーションを取るときのことを思い出してみてください。

それとなく、お互いの興味・関心があることの情報交換をしているはずですよね。それと同じように、英語を話すネイティブの友達からも、お互いの興味・関心があることの情報交換をするために、子どもは必死に英語を勉強するようになるのです。

つまり、**子どもが必然的に英語に触れる時間が増え、英語習得にも積極的になれるため、英語が覚えやすい環境が手に入る**というわけです。

また、いうまでもありませんが、私たちが日本人の友達と遊ぶときにお金を渡して遊んでもらうことがないのと同様に、ネイティブの英語を話す友達をつくれば授業料の心配もなくなります。

そしてもうひとつのメリットが時間です。

英語を話すネイティブの友達と遊ぶとなると、数時間は一緒にいるのが普通ではないでしょうか。

数時間をネイティブの英語を話す友達と一緒に過ごせば、相当な量の英会話ができます。

それは英会話学校の1回1時間のレッスンとは会話量がまったく比べものになりません。
さらに仲良くなって、その友達の生まれ故郷へ一緒に旅行する機会にでも恵まれれば、
それこそ英会話学校で1カ月かけて習うくらいの会話量を、わずか1日、2日で体験することができてしまうでしょう。

ただし、まだまだ英会話に自信がないというお父さんお母さんは、**英語と日本語の両方を話せる友達と会話の練習をすることをおすすめします。**

ネイティブの英語と、少しでもいいので日本語を話す友達をつくり、多くの時間を共有すれば必ず英語は上達していきます。

その理由は英語が勉強だという感覚ではなく、友人と遊びながらしゃべっているという感覚が強くなってくるという3つ目のメリットも生まれてくるからです。


「でも、どうやってネイティブの英語を話す友達をつくればいいの?」

こんな疑問を持っているお父さんお母さんも多いかもしれません。

一番安心なのは、皆さんの友達にネイティブの英語を話す友達がいれば、紹介してもら

うというものです。それなら、ハードルはかなり低くなるはずです。

もしそういった友達がいなければ、いまの時代、Twitter や Facebook、Instagram などのＳＮＳを使わない手はありません。

ＳＮＳを使えばどこにいても外国人と知りあえる環境はあります。なかには、日本語を学ぶために日本人と出会いたがっている外国人も少なくないはずです。そうした人をＳＮＳで探して、積極的に声をかけてみてはいかがでしょうか。

まずは親が外国人の友達をつくってみよう

第5章

英語でコミュニケーションできるようになろう！

Message 1

英語の会話はいつも対等なコミュニケーション！

最後の章では、英語でコミュニケーションができるようになるために必要な心がまえや、5歳以降にチャレンジしてほしい勉強法などを紹介していきましょう。

英語を学ぶことは、単に言葉を覚えるだけでなく、言語を通じて英語圏の文化やものの考え方を学ぶ、ということでもあります。

まず、英語の特徴のひとつ、もっといえば英語の文化におけるコミュニケーションのベースにある考え方として真っ先に挙げられるのが、個人と個人の**対等な関係性**ではないでしょうか。

これは、日本人のコミュニケーションとの大きな違いでもあります。

ひとつわかりやすい例をあげるならば、日本人のコミュニケーションでは、目上の人には敬語を使うというのが一般的な常識としてあります。

もちろん、敬語を使うのは相手に対する尊敬の念をあらわしているので、それを否定するつもりはありません。

ですが、ビジネスの世界でも教育の世界でも、対等さが失われるぶん、率直なコミュニケーションが生まれにくく、相互の理解も進まないといった問題点も浮かび上がってきます。

ところが、英語によるコミュニケーションは、上司に対しても先生に対しても対等に話ができるような言語設計になっているといえます。

アメリカを例に挙げるとすれば、アメリカ社会は平等・対等・フレンドリーを道徳的な規範としている背景があります。

ですから、アメリカでは目上、目下にかかわらずファーストネームで呼びあうことがほとんどですし、相手の年齢や性別に関係なく共通のカジュアルさ、丁寧さでコミュニケーションします。

他方、日本語は相手に尊敬の念を表明するにはいい言語ではあるのですが、上下関係を意識するあまりコミュニケーションの大事なポイントである「対等性」がなかなかとりづらいように感じます。

それは、親子の関係においても同じです。

たとえば、日本での母子間の関係では、お母さんと子どもがともすれば命令、支配する母と服従する子という非対称の関係に陥りがちですが、**英語圏ではお母さんが子どもに対して「あなたの考えは？」「なぜそう思うの？」と問い、子どもは「僕はこう思う」とこたえる。そのように対等に話をすることができるのです。**これが英語圏のコミュニケーションです。

対等なコミュニケーションだからこそ、自分が相手の立場になれるし、相手からも学べるのではないでしょうか。


ただし、英語圏のコミュニケーションにも、相手を敬う表現は存在しています。英語の表現に、次のようなものがあります。

「with respect」

これは、日本語でいうならば「失礼ながら」、「お言葉を返すようですが」といった意味が込められています。

英語圏の人がこの「with respect」を使うときとは、相手の意見に対して何か反論するときです。では、なぜこの「with respect」という言葉をわざわざつけるかといえば、「相手の意見に敬意を表して反論する」――つまり、反論などディベートするときにも感情的にならず、あくまで論理的に、また紳士的に自説をぶつけるというコミュニケーションの基本姿勢が身についているからです。

それほどまでに徹底した「対等であれ」という言語のマインドセット。これは日本人にほとんどなじみがないものですから、意識して取り入れるようにしましょう。

英語は「対等な言語」であることを忘れない

Message 2

「ジャパノロジー」が日本人のコミュニケーションツールになる！

私は、世界の叡智が集結するカンファレンス「TED」に毎年行っているのですが、2018年もすばらしいプレゼンテーションの数々に触れることができました。

そのなかで、文化的な引用をしながら日本のことについて話をするスピーカーが多いことに驚きました。

いま、世界の経済的な実力からいえばアメリカと、圧倒的に勢いがあるのが中国です。

特に、IT技術の発展においてはアメリカを凌ぐ勢いのある中国人の登壇者は、やはり自信に満ちあふれていました。

ところが、文化的なことで引きあいに出されるのはアメリカでも、中国でもなく、日本なのです。

その意味で、私は**日本の文化が世界に与える影響は底知れない**と感じます。

ところで、皆さんは八丈島出身のポップバンド「MONO NO AWARE」というグループをご存知でしょうか。どこか懐かしいグループサウンズ風なのに卓越した言語感覚と、オリジナリティのあるアレンジによりハマる人が続出しているそうです。

バンド名になっている「MONO NO AWARE」とは、「もののあはれ」、すなわち平安時代の王朝文学における重要な文学的・美的理念のひとつで、自然・人生に触れて起こるしみじみした内省的、情趣的で繊細な感覚表現のこと。日本文化においての美意識、価値観に影響を与えた思想です。江戸時代の国学者・本居宣長《もとおりのりなが》が見出したのですが、日本文化を連綿と貫くマインドといえます。

では、この「もののあはれ」について、日本人の学生がどれぐらい英語で外国人に説明できるでしょうか。

意外と、日本の教育だけを受けている人にとっては難しいことかもしれません。なぜなら、日本学、いわゆる「ジャパノロジー」という分野を、日本の学校では学ばないからです。

このジャパノロジー、実はアメリカの大学や日本の英語教育をやっている学校ではしっかりと学ぶことができます。

たとえば、プレスクールやインターナショナルスクールでは、日本人の子どもにジャパノロジーをしっかり教えるのです。だからこそ、外国に行ったとき、もしくは外国人を前にして、自分の国のことをしっかりしゃべれるのですね。

ほんとうは、それはとても大切なことです。アメリカ人は、英語を習いはじめた日本人から、アメリカのことについて説明を受けたいとは思いません。アメリカ人は、日本人の、日本ならではのこと、たとえば「もののあはれ」「いきがい」「わびさび」、そんなことについてあなたの言葉で説明してほしいのです。

つまり、**私たち日本人にとって英語を学ぶということと、ジャパノロジーを学ぶということはセットで考えなければならない**のです。

これは私自身も知らなかったことですが、雅楽で有名な東儀秀樹《とうぎひでき》さんのお話によると、皇居ではさまざまなお祀りがあり、そのたびに雅楽師が演奏しているらしいのですが、その演奏は聴衆なしでおこなわれるのだそうです。

「昔の天皇の霊が降りていらしてしばらく音楽を聴いて戯れて遊ばれた後に、また天に戻っていくなかで演奏している」という場面設定だかららしいのですが、想像してみてください。皇居のどこかや伊勢神宮の奥深くで、誰も聴いていない状態で雅楽が演奏されている！　なんともミステリアスではありませんか？　でもこの感覚こそが日本らしさ、日本人の美意識の根幹にあるものなのです。

ちなみにこの話は、私がアメリカで出版した英語の本（日本語を英語に翻訳したものではなく、最初から英語で書いたものです）のなかでも紹介したのですが、やはり海外の読者はこうしたジャパノロジーに反応するのです。

そんな不思議で豊かで美しい日本のこと、あなた自身のことを、外国人のお友達は聞きたがります。**私たち日本人には、日本のことについて英語で話してほしい**わけです。

ですが、それはいままでの日本人の教養や学校教育のなかにはなかった観点です。

日本人が英語を学ぶということに加え、コミュニケーションをうまく機能させようとするならば、ぜひお子さんには英語教育とジャパノロジーの両輪を学ばせる努力をしてほしいものです。

英語を学ぶとともに、日本の文化も深く学ぼう

Message 3

英語によるコミュニケーションには実利が伴う！

世界各国から選りすぐりのエリートたちが集まる「ＴＥＤ」に、ハーバード・ビジネススクールの教授であるフランシス・フレイが登壇しました。

コミュニケーション力を駆使した見事なまでのプレゼンテーションに、私は思わず、「さすがにハーバード・ビジネススクールの教授の、英語によるコミュニケーション力はすごいな！」と感銘を受けました。

話のポイントの掴み方はもちろん、言葉の的確な選び方、伝え方は、まさに一流と呼ぶにふさわしいものでした。

フランシス・フレイの見事なまでの英語によるコミュニケーションを目の当たりにした私は、あることを想像しました。

それは、これだけテクノロジーが発達し続けている現代社会を生き抜く子どもたちは、近い将来に必ず英語を使って自己表現することが求められるのだろうということです。

なぜかというと、それには実利が伴うからにほかなりません。

「はじめに」でも述べましたが、わかりやすくいえば**英語でコミュニケーションがとれる人間のほうが、当然仕事の幅も広がりますし、たくさんのお金も稼げるようになる**ということです。

ハーバード・ビジネススクールの教授も、優秀な頭脳とコミュニケーション力を駆使しながら実利を得て、豊かな暮らしをしているわけです。

いま、日本で子どもの英語教育について真剣に考えているお父さんお母さんたちも、おそらくわが子に英語を身につけさせることで得られる、英語のコミュニケーション力が持つ実利を直感的にわかっているのではないでしょうか。

そもそも、英語がグローバル言語であるという意味を突き詰めていくと、世界各国で話されている言語というだけに留まりません。

たとえば、科学技術の世界でもっとも使われている言語でもあり、エンターテインメントやスポーツの世界もそうです。ITの世界にしてもそうです。

日本のビジネスパーソンはGoogle検索で日本語検索しかしない人が大多数ではないで

しょうか。しかし、それでは日本語の情報だけしか手に入りません。

では、英語でGoogle検索できたとすればどうでしょうか。**日本語検索の実に10倍もの有益な情報を手に入れることができる**といわれています。

それはすなわち、もはや英語でのコミュニケーションがビジネスの世界の共通言語であるということの証拠なのです。

英語を自由に扱えるようになるということは、世界の大きなマーケットを舞台にのびのびと実力を試せる切符を手にするということ。

もう、「英語は苦手で」と言っている場合ではありません！　子どもの英語教育はマストですし、お父さんお母さんも勉強し直すつもりで頑張りましょう。


英語ができれば、たくさんお金を稼げる可能性が高まる

Message 4

瞬間的コミュニケーション力を磨こう！

私のケンブリッジ大学留学時代の恩師は、脳科学の世界的権威であるホラス・バーロー教授でした。

バーロー教授は、１９２１年生まれでチャールズ・ダーウィンのひ孫という家柄です。

さらに、ウェッジウッド家にもつながる家系で育ち、伝統を誇るケンブリッジ大学を構成する８００のさまざまなカレッジのなかでも、アイザック・ニュートンや、バートランド・ラッセル、ルートヴィヒ・ヴィトゲンシュタインなど、人類史上のきら星のような知性を育み、ノーベル賞受賞者を30名以上出している名門の教授でした。

そんなバーロー教授とは、最初のころはメールでやりとりをしていました。

するとあるとき、バーロー教授がスコットランドのグラスゴーで学会があるから、もし来れるなら話がしたいというのです。

急にどうしたのかと思っていたのですが、以前英語のメールでやりとりしていた中国人が他人に英文メールを書いてもらっていた、ということがあったからだそうです。つまり、一種の実力詐称を見抜くには、直接会うことが早道だというのです。

「これはバーロー教授にお会いするいいタイミングかもしれない！」

私がそう思ったのは、バーロー教授が参加するグラスゴーの学会で、ちょうど私も発表することになっていたからです。そこではじめてバーロー教授に会ったのですが、ほんの1、2分お話をしただけで、バーロー教授はこう言いました。

「ケン、じゃあ、いつから私のところに来るかね？」

その問いに対して、「え？　たった1、2分話しただけで、この教授は私のことを信用し、受け入れるというのか」という驚きを隠せませんでした。

ですが、一流のコミュニケーションの世界では、たとえはじめて会った人間に対しても、たった1、2分で相手のことを理解できるのです。

では、日本でのコミュニケーションではどうでしょうか。

たとえばビジネスパーソンにしても、はじめて会った相手に対しては形式的な名刺交換をおこない、企業名や肩書、あるいは学歴でその人のことを判断しているのではないでしょうか。こうした表面的なコミュニケーションは、英語圏では通用しないのです。

英語圏では、たとえ短い時間でも実際に相手と話をして、肩書や学歴は関係なくその人物の本質を把握しようという文化があります。つまり「相対して会話することで相手の本質が理解できる」という強い信念があるのですね。

いわばオーラルなコミュニケーションこそが、リアルタイムでどれほど鋭い切り返しができるかという、ごまかしのきかないコミュニケーションであり、その考え方が徹底されているのが英語圏の文化です。そして私たち日本人は、「そういうコミュニケーションが苦手だ」と言いながら生きています。

でも、それは英語圏で真剣勝負をするには邪魔になるマインドセットです。

「人と人は会って話すことで理解できる」。その気持ちを忘れないでください。

直接話すことは相手の本質を判断する手段

Message 5

海外では英語力ではなく論理の組み立てが求められる！

「わが子をいずれは海外の一流大学に入学させたい！」

そんな、志の高いお父さんお母さんもいるかもしれませんね。

私の経験則からいえるのは、実際にアメリカのアイビー・リーグや、イギリスのケンブリッジ、オックスフォード大学に行くような学生の英語の会話レベルは、**皆さんが想像しているレベルより10倍は高い**ということです。

そのことを、お父さんお母さんが自覚しておく必要があります。

日本の中学や高校の英語、あるいは大学入試の英語が得意だったという親御さんもいるかもしれませんが、その延長線上では、ハーバードやケンブリッジの入試の面接で問われる英語力がどの程度のものかということは想像さえできないものです。

なぜなら、そもそもそれらに相当する日本語での面接能力というのが日本に存在しないからです。これが、日本語話者が英語を学ぶときの大きな壁となっているのです。

では、ハーバードやケンブリッジでどのような面接がおこなわれているのか、気になるところだと思います。いまの時代というのはとても便利で、なんとケンブリッジが法学部の学士入学の面接をYouTubeで公開しています。その空気感は、やはり世界レベルだと驚かされるはずです。

たとえば、面接官はこのようなことを受験生に聞きます。

「あなたは法律に興味ある？」

「法律事務所で働いたこともあるということですけれども、どうして法律に興味があるんですか？」

こうした質問に受験生がその場では答えるわけですが、すごいのはその回答の論理の組み立てです。理路整然としていて淀みなく、簡潔で、まさに完璧でした。

日本の面接のように想定問答を練習してきているわけではありません。その場で聞かれてその場で答えるのです（ある程度いろいろ準備してきてはいるでしょうが、日本のように紋切り型の問答ではないので、準備するにしても限界があります）。

そもそも、論理を組み立てるには言葉の緻密さ、話をするスピード、その尺の長さ、すべてが求められます。

私がケンブリッジ大学で、在籍していたのがトリニティカレッジというところでしたが、やはり同様の面接があったことをいまでも鮮明に覚えています。

世界の一流と呼ばれる大学は、その受験生の考え方や話の内容、もっといえば態度や人柄を重視しているため、マニュアルでは対応できない、極めて精密な選考をしているのです。

ですから、もしわが子をこうした世界の一流大学で学ばせてあげたいと願っているお父さんお母さんは、いま想像している以上に**英語での会話や議論のスキル、そして知性を育てていかなくてはならないのです。**

ここでいま一度、5歳くらいまでのお子さんを持つお父さんお母さんのお子さんが社会に出るおよそ20年後の未来を想像してみてください。

いったい、どんな世の中になっているのでしょうか。

世界はますますボーダーレス化が進展して、大学や就職も日本だけで選択するのではなく、海外を視野に入れて決断することが当たり前の時代になるでしょう。

そんななか、英語はグローバルなツールとして、大学で学んだり、仕事をするときには当分の間、必要不可欠なものであり続けることが予想されるわけです。

だからこそ、20年後には英語が話せないということ自体が恥ずかしい時代になる。

そして、日本のみならず、世界のマーケットで高い評価を受けるのは、アメリカとかイギリスのリベラルアーツの教育を受けている生徒たちが話すような理路整然とした論理の組み立てができる英語力なのです。

英語で論理を組み立てる力を養おう

Message 6

世界で活躍する日本人は当たり前に英語を使う！

最近では、海外で活躍する日本人も増えてきました。

彼らは、ごくあたり前のように英語を駆使してコミュニケーションを図り、世界的な評価を手にしています。

そこで、彼らはいったいどのようにして英語を習得していったのか、2人の日本人トップアスリート、そしてひとりのアーティストの事例を紹介したいと思います。

まずは、世界のトップ5に食い込んでいる日本テニス界過去最高の選手、錦織圭《にしこりけい》さん。

錦織さんはわずか14歳でアメリカのＩＭＧニック・ボロデリー・アカデミーへテニス留学し、その後の練習拠点をアメリカに移しているため、インタビューなどでもかなり流暢な英語を話しています。

そんな錦織さんも当然ながら最初はまったく英語が話せず、泣きながら身ぶり手ぶりで伝えることしかできなかったそうです。まわりの人とのコミュニケーションもとれなかったので、じっと耳をすまして周囲の会話を聞いているだけの時間を過ごしていた時期もあったといいます。しかし、一流のプロテニス選手になるという強い意志と、逃げ場のない状況が錦織さんの英語力をアップさせていく起爆剤となったのです。

これを脳科学の立場からいえば、「アウェー脳」を磨くということになります。

普段使っていない脳のモードがアウェーの状況に身を置かれることで、私たちの脳はフル回転する性質があるのです。

特に、錦織さんの英語力のすごさはリスニングです。彼は会見を見ていても受け答えが早い。聴く力が高いのですが、このリスニング力もまた、アウェーで学んだ結果でしょう。

続いて、元サッカー選手の中田《なかた》英寿《ひでとし》さん。

いまでは実業家として国際的に活躍している彼ですが、私も何度かお会いしてお話ししたことがあります。

中田さんが語学に堪能なのは、高校時代から独学で勉強していたからというのは有名なエピソードです。

語学を学んだ理由も「将来はサッカー選手として日本を出て海外で活躍する」という大きな目標があったからだそうです。極めて明確な目標を実現するため、英語やイタリア語を習得するモチベーションを保ち続けることができたのでしょう。

中田さんの英語の勉強スタイルは、**常に自分からアウトプットする**というものです。中田さんは、学んだ外国語を積極的に試すために、自分から外国語を話せる機会や場所に勇気を持って飛び込んでいっていたそうです。

続いて、現代美術の世界でグローバルに活躍しているアーティストとして、村上隆《むらかみたかし》さんがいます。

村上さんは、アメリカのニュース雑誌『TIME』で、世界で最も影響力のある100人に選ばれたほどで、世界各国で個展が開かれるなど、現代芸術の世界では非常に有名なアーティストです。村上さんは、自分の作品をしっかり英語でロジカルに説明できる人です。

村上さんは世界で活躍しはじめたとき、優秀な弁護士がついているわけでも、すごい人脈を持っているわけでもありませんでした。ただ、ほかの多くの日本人アーティストと違っていたのは、自分の作品を自分で、英語で説明できたことです。

現代アートは単に作品を見せればいいというものではありません。

その作品の持つ背景、文脈も含めてひとつの作品として完成するのです。ですからうまい英語でなくとも、自分の言葉で、英語で発信できることが重要なのです。

つまり、村上さんは**自分の作品を自分の言葉でしっかり説明できる力があるのでコミュニケーションがスムーズにいき、現代アートの最先端にコミットし、世界で広く認められるに至ったのです。**

日本人のなかにも、本書で紹介した人たちのように自分なりに英語と向きあい、活躍のフィールドを広げている人たちが出てきています。

皆さんのお子さんも、英語を自分のものにして、世界を舞台にのびのびと生きていってほしいものです。

「英語がうまい」ではなく「英語で自分を表現できる」を目指そう

おわりに

「英語の藤井聡太」を育てることだって夢じゃない！

最後までお読みいただき、ありがとうございます。

子どもを何かに熱中させるというのは、ときに難しく、またときに幸せなことだというのを、お父さんお母さんは日々の子育てのなかで感じていることではないでしょうか。

そんな皆さんがこの本を読んで子どもが英語に熱中してくれて、いずれは子どもがお父さんお母さんの英語力を抜いてくれる日が来れば、どれだけ幸せでしょうか。

あるとき、子どもに英語の発音を直される。

あるとき、子どもに英語圏の文化を教わる。

そんな、お父さんお母さんの将来の幸せをひとつの目標として、本書を書き進めてきたつもりです。

さらには、「もし、いまの私に5歳までの子どもがいたとしたら、いったいどんな英語教育をするだろうか？」と想像しながら、自分ごとのように考えさせられました。

そのなかで、最後にお父さんお母さんにお伝えしたいのは、いかに自己表現ができる子どもに育てるかについてです。

私が子どものころは、旅行やハイキングなどに行くと、それこそ知らない人でもすれちがうたびに「こんにちは」と挨拶していました。

昔はそんな出先や旅先とかで出会った知らない人に対しても、親と一緒にいろいろ話せる表現力豊かな子どもが多かった気がします。

きっとこの先、皆さんの子どもはいろいろな人と出会うでしょう。

異質な他者と出会ったときにしっかりと挨拶ができ、さらには自分のこと、家族のこと、そして日本という国のことをきちんと英語で説明できるかどうか。それは、英語を習得するうえで、すごく重要なことだと私は思います。

そのためには、まだ子どもであるいまの時期から、日本語でもいいので練習をしておく必要があるのです。たとえば、

- 自分の描いた絵をきちんと説明できるか
- なぜ、この歌が好きなのかを表現できるか

・お父さんお母さんはどんな人なのか説明できるか

そうした経験を子どものころから積ませてあげることで、英語の表現力アップにも必ず役立つはずです。

子どもの成長というのは、実に早いということを、お父さんお母さんは普段から感じていることではないでしょうか。

そのなかで、いま世の中で活躍できる年齢が圧倒的に下がってきていて、「弱冠〇〇歳の天才少年・少女」といった形容が増えてきています。

将棋界に彗星のごとくあらわれ、日本全体の注目を集めるようになった藤井聡太《ふじいそうた》七段もそのひとりです。

藤井七段が将棋ソフト（AI）を活用するようになってから、彼の能力は飛躍的に向上し、ほかの棋士とレベルを画する棋力を培うことができたといわれています。

こうしたテクノロジーの進化によって、この先多くの天才少年・少女が、足早に世の中に出てくるということが予想されます。

英語に関しても、テクノロジーの進化によって学習環境が質量ともに整ったことを考えれば、それこそわが子を「英語の藤井聡太」にすることだって夢ではないのです。

最後になりますが、本書がこうしてできあがるまで、出版プロデューサーの神原博之さん、日本実業出版社の編集部にはほんとうにお世話になりました。

心から、お礼を申し上げます。

茂木健一郎

茂木健一郎（もぎ　けんいちろう）
1962年東京生まれ。東京大学理学部、法学部卒業後、東京大学大学院理学系研究科物理学専攻課程修了。理学博士。脳科学者。理化学研究所、ケンブリッジ大学を経て現職はソニーコンピュータサイエンス研究所シニアリサーチャー。専門は脳科学、認知科学。「クオリア」（感覚の持つ質感）をキーワードとして脳と心の関係を研究する傍ら、文芸評論、美術評論にも取り組む。英語で書いた著作や、英語でのプレゼン経験も多数。2005年、『脳と仮想』(新潮社)で第4回小林秀雄賞を受賞。2009年、『今、ここからすべての場所へ』(筑摩書房)で第12回桑原武夫学芸賞を受賞。主な著書に『脳とクオリア』（日本経済新聞出版社）、『結果を出せる人になる!「すぐやる脳」のつくり方』（学研プラス）、『人工知能に負けない脳』『いつもパフォーマンスが高い人の脳を自在に操る習慣』『5歳までにやっておきたい本当にかしこい脳の育て方』（以上、日本実業出版社）などがある。

5歳《さい》までにやっておきたい
英語《えいご》が得意《とくい》な脳《のう》の育《そだ》て方《かた》

2018年8月1日　初版発行

著　者　茂木健一郎
発行者　吉田啓二

発行所　株式会社日本実業出版社　東京都新宿区市谷本村町3-29 〒162-0845
大阪市北区西天満6-8-1 〒530-0047
編集部　☎03-3268-5651
営業部　☎03-3268-5161　振　替　00170-1-25349
https://www.njg.co.jp/

印刷／厚徳社　製本／若林製本

この本の内容についてのお問合せは、書面かFAX（03-3268-0832）にてお願い致します。
落丁・乱丁本は、送料小社負担にて、お取り替え致します。

ISBN 978-4-534-05608-5 Printed in JAPAN